소만에 부치다

국립중앙도서관 출판예정도서목록(CIP)

소만에 부치다 : 설성제 수필집 / 지은이 : 설성제
— 대구 : 수필세계사, 2018
    p. ; cm. -- (우리시대 수필작가선)

ISBN 979-11-85448-47-3 03810 : ₩12000

한국 현대 수필[韓國現代隨筆]

814.7-KDC6
895.745-DDC23   CIP2018035671

우리시대의 수필작가선

소만에 부치다

설성제 수필집

수필세계사

● 머리말

필중必中

"필중必中!"

올 가을 명절에 아버지가 하신 말씀입니다. 아버지의 풀이로는 "가운데 있어라!" 입니다. 너무 앞서 살려 하지 말고, 너무 뒤에도 안 된다고 하시면서 가운데 자리를 지키라는 것입니다. 무엇이든지 검정 아니면 흰, 있거나 없거나, 하든지 안 하든지, 뜨겁거나 차거나, 앞이거나 뒤거나를 좋아했던 나는 중간지대만큼 재미없는 자리가 없다고 여겨왔습니다. 그런데 아버지의 말씀이 귀에 쏙 들어오는 이유는 아마 이제 나도 생의 중간 즈음에 접어들었기 때문인가 싶습니다.

가운데 있기란 쉬운 것 같지만 쉽지 않다는 것을 어머니가 들려주시는 아버지의 삶에 대해 듣고 깊이 알았습니다. 십여 년 째 한 달에 한 번 정기검진 후 약을 타기 위해 밀양에서 마산으로 가시는 아버지는 내일 약을 받으러 가는 날이면 오늘 약봉지가 딱 떨어진다는 것이었습니다. 한 번도 그른 적 없이 약을 드셨습니다. 약 드시는 시간도 정확하게 지키십니다. 식사 후 10분이면 10분, 30분이면 30분, 1분의 오차도 생기지 않게 하려고 애쓰신다는 것입니다.

아버지는 물건을 사용할 땐 설명서에 적힌 대로 읽고 그대로 하면 되는데 왜 그걸 지키지 않고 마음대로 하느냐고 말씀하십니다. 물건을 가장 효과적으로 사용하게끔 설명해 놓았기에 그것을 지키면 아무런 문제가 일어나지 않는다 하십니다.

아버지의 이런 삶이 다른 사람보다 앞서지도 뒤서지도 않는 중간적인 삶이라는 것을 알았습니다. 이 중간을 지키기 위해 얼마나 자신을 철저히 관리해야 하는지 알았습니다. 아버지의 중간에 있으면 된다는 말씀이 사전에 나오는 필중必中의 삶임을 알았습니다. 딱 한 발을 쏘아 정확하게 맞힌다는 일발필중입니다. 인생의 필중을 위해 지켜야 하는 기본적 방식이라는 것입니다.

딱 그대로만 하면 문제 될 것이 없는데 나는 언제나 삐딱하고 울퉁불퉁하게 살아왔습니다. 그래서 늘 앞은커녕 뒤를 맴돌았습니다. 이제 필중을 내 남은 삶의 목표로 삼습니다. "절대 앞서려고 아등바등하지 말아라, 뒤에 쳐져서도 안 되느니라. 중간에만 있으면 괜찮다." 나는 왠지 필중이 인생의 고지 같습니다.

세 번째 수필집 『소만에 부치다』가 필중이면 좋겠습니다. 그렇지만 나는 시간을 지키지도 분량을 지키지도 않고 내 마음대로 글을 썼습니다. 삶에도 글에도 다시 신발끈을 동입니다. 필중을 향한 첫걸음을 시작하렵니다.

2018년 늦은 가을에
설 성 제

차례

제 1 부
부용화

소만小滿에 부치다 13

버스킹 17

세컨드 로망스 21

부용화 28

검은 모자 31

신新화수분 36

겨울강 41

자전거를 타고 오는 봄 45

제 2 부
기억의 뜰

소리장도笑裏藏刀 53

방어진 곰솔 59

기억의 뜰 63

여름나기 69

꿀잠 74

여락餘樂 81

그놈 86

선線 91

제 3 부

불이정不離亭을 놓치다

백색소음 99

불이정을 놓치다 103

세공의 칼 109

맛글 114

기차가 지나간다 121

끈 125

손길 131

제 4 부
곤두박질

세 채의 집 137
마른 빵 한 조각과 죽 한 그릇 143
곤두박질 149
어느 청소부의 만추 153
천국축제를 꿈꾸다 155
사가면思佳面 160
못 165
비둘기 170

제1부
부용화

소만小滿에 부치다

버스킹

세컨드 로망스

부용화

검은 모자

신新화수분

겨울강

자전거를 타고 오는 봄

부용은 희거나 연분홍의 저 다소곳한 빛깔로 작렬하는 불볕 아래 섰다. 강렬함으로 양립하기보다 순순함으로 존립하기를 선택했으니 내리쬐는 땡볕을 하소연하지 않는다. 타들어가는 속내를 붉디붉은 얼굴로 힝명하지 않는다. 그저 있는 자리에서 묵언 수행으로 주어진 계절을 건넌다.   - '부용화'

소만小滿에 부치다

소만小滿에 이르렀다. 여름 문턱에 들어선 후 처음 만나는 절기로 햇볕이 많고 만물이 점점 생장하여 가득 차오른다는 의미를 지녔다. 실제로 꽃이 떨어지고 열매가 맺기 시작하는 시기, 벌과 나비를 불러들이던 꽃이 제 임무를 다하자 나무에게 새로운 일이 시작된다. 열매를 맺기 위해서는 꽃이 져야만 하는 자연의 순리에 따라 소만은 멸滅에서 생生으로 건너가는 징검다리와 같은 시기이다.

도도한 봄날이었다. 담벼락에 줄지어 서서 오줌을 누는

개구쟁이들처럼 노란 개나리가 새실거렸다. 목련은 나뭇가지 위로 촛대를 세우고 심지에 불을 밝혔다. 돌 틈에 앉은 영산홍도 한껏 타올랐다. 뒤이어 조팝과 이팝이 가지가 휘어지도록 하얀 튀밥을 쏟아냈다. 배와 사과며 복숭아나무에도 꽃이 피어 서로의 존재를 알렸다. 꽃을 보고서야 이름을 알아주는 것이 서운한 듯 저마다 더 깊은 향기로 사람들을 불러댔다.

그제야 나도 아파트 마당에 앉아 꽃잎을 헤아리며 그들의 이름을 불렀다. 그러다 시멘트바닥에 내려 앉아 퇴색되어가는 꽃잎에서 화무십일홍, 짧은 생에 대한 안타까움을 보았다. 존재의 무상함이 애달팠다. 꽃의 향락을 쫓아다니던 내 인생의 봄도 이제는 꽃잎을 하나씩 내려놓아야 할 때가 되었던가. 공원 한켠에 뒤늦게 자리 잡은 꽃 잔치도 기꺼이 막을 내렸다. 달고 따사로운 햇살을 떠나지 못해 머뭇거리다가도 꽃은 때에 순복했다.

어느새 완연한 초록의 계절을 맞고 보니 떨어진 꽃자리에 할 일을 마친 후련함이 보였다. 떠난다고 끝이 아니며, 슬픈 것도 아니라고 말하는 것 같았다. 인생에서도 꽃이 졌다고 청춘이 식은 것은 아니다. 내일을 향한 그리움을 품고 더 큰 열망을 꿈꾸는 것이 아닐까 싶었다.

꽃이 져야만 열매가 맺힌다. 벌과 나비가 부지런히 꽃

술을 퍼나를 때부터 꽃은 열매를 꿈꾼다. 언젠가는 제자리를 털고 떠나야 한다는 것도 알고 있다. 그래서일까, 미련 없이 낙화하는 의미를 아는 사람들이 되레 꽃놀이를 즐겼던가 보다. 하다못해 텃밭에 핀 냉이꽃, 파꽃, 부추꽃도 꽃 진 자리에 씨를 남겨 거룩한 본능을 실천한다.

 자리를 내어 준다는 건 쉬운 일이 아니다. 꽃이 진다고 그 자리에 모두 열매가 앉는 것도 아니다. 비록 열매가 맺었다고 해도 햇볕과 물이 주어지고 바람이 다녀가야 하며, 벌레로부터도 상하지 않아야 한다. 태풍도 홍수도 잘 이겨낸 뒤에야 비로소 참된 열매로 영글어질 수 있다.

 자식은 부모의 열매다. 많지 않은 자식이라 애지중지하며 마음에서 놓지 못해 그 끈을 묶어놓는다 해서 좋은 열매가 되는 것은 아니다. 품안에 넣고 있던 시간이 어느 정도 지나면 부모는 마음자리를 비울 수 있어야 한다. 맘껏 자라 무르익을 수 있도록 자리를 내어주지 않는다면 부모도 자식도 결국 시들어버리고 말 것이다. 자식도 부모가 비켜주는 자리만큼 성장하기에 인생사도 꽃 지고 열매 맺는 자연의 이치와 다를 바 없다. 소만, 열매를 위해 꽃을 거두는 이 절기야말로 축복의 시점라고 할 수 있겠다.

 올봄, 꽃이 질 무렵 몸이 무던히 아팠다. 인생의 절기를 제대로 계산하지 않은 탓이었다. 봄의 열락만 즐기려 내 안의 꽃에 집착했는지도 모른다. 놓아버리고 싶지 않는 것들, 오래오래 붙잡고 싶었던 것들이 시들어가며 향기마저 사라지는 것 같았다. 가지가 꽃을 떨어뜨릴 때의 고통이 싫다고, 지는 꽃도 그 아픔이 힘들다고 서로 놓지 못한다면 곪을 수밖에 없다. 자기로부터 자신을 거둠질한다는 것만큼 어려움도 없는 것 같다.

이치를 거스르지 않고 그 흐름에 부합하며 또 하나의 계절을 받아들여야 하리라. 그렇다면 떨어진 꽃에 연연할 때가 아니다. 이제 맺고 영글어가야 할 열매를 생각해야 한다. 성경에 9가지의 열매가 나온다. 사랑, 희락, 화평, 참음, 자비, 양선, 충성, 온유, 절제이다. 누구나 축복의 삶을 위해 이 열매를 갈망한다. 지금껏 붙들고 싶었던 내 안의 욕망의 꽃들을 놓지 않고서는 이런 거룩한 열매를 맺을 수가 없다. 더구나 이 중 어느 하나도 고통의 대가 없이 얻을 수 있는 것은 없다. 훗날 나의 꽃 진 자리에 맺힐 열매는 무엇인지, 내가 맺어야 할 열매는 또한 어떤 것인지 그려본다.

만물의 품으로 바람과 햇볕이 그득해지는 절기, 소만小滿이다. 영장靈長의 품속까지도 모든 것이 풍성해질 것이다. 꽃이 내어주고 간 자리 자리마다 열매가 차오를 것이기에 미리 찬사를 보낸다.

버스킹

공원 광장에서 한 청년이 버스킹(busking)을 하고 있다. 관객이라야 전날까지 있었던 축제를 잊지 못해 나온 듯한 몇몇 사람이 고작이다. 허스키한 음색에 바이브레이션이 섞인 버스커(busker)의 목소리가 축제 후 쓸쓸함을 메우고 있다.

이 공원에서는 시에서 후원한 큰 축제가 열릴 뿐만 아니라 소소한 단체들이나 개인이 날을 잡아 그들의 재능을 마음껏 펼쳐 보인다. 시낭송, 국악, 가요제, 댄스 등을 보면 각각 타고난 달란트가 참으로 경이롭다는 생각을 하게 된다. 각자의 재능을 갈고 닦느라 분명 눈물겨운 시간을 보냈을 것이다. 남들에게 보이기 위해서가 아니라 보이지 않고서는 견딜 수 없을 것 같은 슬픈 발산도 종종 보게 된다.

어둠을 등지고 서서 노을을 향하여 불어 올리는 트럼펫 소리, 갈대숲가에 펼쳐놓은 화폭 위로 붓잡이의 손끝에서 살아나는 색채, 아침 햇살이 강물 위로 내리꽂힐 때 피어나는 눈부신 발광을 볼 때 사람이든 자연이든 그 재능이 아름다우면서 서러워 보이기도 한다. 누군가는 아직 재능을 찾지 못했다며 부러워할 수도 있지만, 누군가는 주체할 수 없는 그 끼가 힘겹기도 하다는 것을. 그것이 발산이든 발광이든 뿜어내야만 살아있음을 느낀다. 반딧불이가 꽁지에 불을 달고 어둠 속에서 춤을 추듯.

공원에 어둠이 짙어져간다. 청년은 관객이 없는 것에 아랑곳하지 않고 절절히 노래를 울려낸다. 기타 줄을 오르내리는 그의 손가락들이 점점 희미해져 가는데 갑자기 빗방울이 떨어진다. 남아있던 몇몇 관객들마저 총총거리며 멀어져간다. 이제 스무 살이 조금 넘어 보이는 대학생이거나 빠르면 직장 초년생 같아 보이는 그가 하루의 남은 시간을 마지막까지 부여잡으며 자신의 꿈을 좇아가는 중일까. 그렇다 해도 빈 광장에 쓸쓸히 남은 그를 바라보니 그만 가슴이 저려온다. 발걸음이 떨어지지 않는다.

행여 돌아가지 않고 있는 나 때문에 노래를 멈추지 못하는 것은 아닐까라는 생각이 든다. 멋쩍은 관객이 된 것만 같다. 발걸음을 돌리는 척하며 축제 때 쳐놓은 천막 속으로 몸을 감춘다. 아무도 바라봐주는 이 없는데도 멈추지 않는 그의 행복을 벌어진 천막 귀퉁이를 통해 관람한다.

비는 사선을 긋기 시작한다. 끝날 것 같지 않던 노래도 드디어 막을 내리려는가 싶더니 그가 텅 빈 광장을 향해 멘트를 날린다.

"이제 마지막 곡 들려드릴 차례입니다."

천천히 그리고 신중하게 다시 기타 줄을 쓰다듬는다. 조명도 없는 무대에서 그를 오도카니 덮은 어둠이 그의 애끊는 가슴을 더욱 열어젖히는 것만 같다. 밤하늘을 울려 퍼지는 열정 속에 숨은 외로움과 슬픔이 천막의 벌어진 귀퉁이 사이로 흘러와 내 눈시울을 붉게 물들인다. 마지막 곡 전주가 끝날 기미를 보이지 않는다. 버스킹을 끝내고 싶어 하지 않는 그의 마음 같다. 박자마저 느리디 느리다. 그도, 기타도, 앰프도, 천막도, 천막 속의 나도 어둠 속에서 한 덩이가 되어간다.

이렇게 긴 전주는 처음이다. 그가 무아지경에 들었는가 싶다. 나는 숨은 관객이지만 그를 두고 떠날 수 없다. 음악에 젖어 나도 무아에 빠지려하는데 노래가 시작된다. 두어 소절 쯤 부르는가 싶더니 그가 고갤 숙인 채 말이 없다. 무슨 일일까. 빗속에서 아직 피지 못한 한 송이 꽃인 양. 노래는 더 이상 들려오지 않고 그가 텅 빈 광장을 바라보며 말한다.

"여러분! 들어주셔서 감사합니다."

순간, 나는 그의 눈 속에 흐르는 은하수를 본다. 박수를 치며 달려 나가고 싶다. 그가 광장을 벗어날 때까지 박수를 끝내고 싶지 않다. 그토록 슬퍼보였던 조금 전의 마음이 단지 내 감정이었으면 좋겠다. 어쩌면 청년은 내가 바라보는 것과는 달리 더 나은 세계로 나아가기 위한 과정을 밟느라 혼신의 힘을 다하고 있는지도 모르니까.

그가 기타를 업고 앰프를 안은 채 가뿐하게 걸어간다. 내 가슴 속에서 꽁지에 불을 밝힌 반딧불이거나 불 속을 향하여 몸을 던지는 나방이거나 하는 것이 날개를 펼치며 울컥 날아오른다.

세컨드 로망스

'유키 구라모토'의 '세컨드 로망스'를 듣고 있다. 어느 팬은 유키 구라모토가 '로망스' 곡을 낸 후 두 번째로 내면서 세컨드라는 서수를 붙였을 거라고 짐작했다. 팬의 짐작처럼 처음 사랑이 끝난 후 다시 하는 두 번째 사랑이라면 몰라도 한 사람이 두 사람을 동시에 사랑한다면 세컨드는 서수적 의미가 아니라 분량의 가치를 지닌 말이 된다. 양이 가득 차지 못해 최고의 자리에 있지 못한 안타까운 두 번째를 뜻한다. 단어 앞에 어떤 수식이 오느냐에 따라 뜻이 천지차가 나는데 특히 로망스 앞에 붙은 세컨드는 '인생 2막'에 붙는 '2'와 '세컨드 하우스'에 붙는 '세컨드'와는 사뭇 다른 느낌이다.

'세컨드 로망스'의 단조로운 곡조가 애상에 빠져들게도 하지만 로망스를 수식하는 세컨드라는 말에서 운명적인 슬픔의 냄새가 난다. 비틀어지고 변형된 삼각형의 한 변처럼 느껴진다.

반면, 영화 〈금지된 장난〉의 주제곡인 '로망스'는 원래 스페인의 작가미상인 민요였다. 후에 기타리스트 '나르시소 예페스'가 편곡하여 유명해진 곡이다. 동물이나 사람의 시체를 묻어주며 노는 두 아이에게 시체 만지기를 금지한다는 영화 내용과 상관없이 주제음악 '로망스' 자체만으로도 사람들에게 낭만과 꿈같은 사랑을 떠올리게 한다. 그러나 나는 로망스를 들을 때마다 가슴이 아린다. 사랑은 그렇게 동전의 양면처럼 기쁨 뒤에 늘 그만한 슬픔이 공존하거늘, 하물며 세컨드 로망스라니 어인 말인가 싶다.

그해 그날은 12월 마지막 날이었다. 동네 도서관 한켠에 있는 아지트에 우리는 약속도 없이 모였다. 오후가 되자 슬슬 또래끼리 자리를 만들었다. 같이 노래와 게임에 간식까지 먹고 있을 때 누가 시키지도 않았는데 그가 일어섰다. 어깨에 기타를 둘러메고 줄을 한번 훑더니 떨리는 목소리로 말했다. "이 곡을 여기 있는 한 사람한테 들려드리겠습니다."라고. 시끌벅적했던 아지트가 조용해졌다. '로망스'가 울려 퍼지기 시작했다. 그가 기타 줄을 몇 번이나 더듬거렸다. 그때마다 그의 덧니가 반짝였다. 로망스는 그의 더듬거리는 말 같다가 다시 차분하게 들려오기를 반복했다. 그가 마지막 줄을 놓으며 조용히 나를 바라보았다.

그날 이후 나는 그에게로 빠져 들었다. 로망스 연주는 비록 서툴렀지만 내 마음을 달뜨게 했다. 삼촌이 쓰다 팽개쳐둔 기타를 내렸다. 그리고 그 추운 겨울날 나는 우리들의 아지트에서 그에게 기타를 배웠다. 가는 6줄의 선에 왼손은 코드를 짚어가며 오른손으로는 아르페지오 기법으로 피가 맺힐 만큼 열정적으로 배웠다. 오로지 '로망스' 그 한 곡을 멋들어지게 연주하고 싶었다. 사랑에 막 눈을 뜨기 시작하던 딱 그 시절, 애잔하면서도 가슴을 파고드는 선율에 온통 취했다. '시시시 시라솔 솔파미' 1번 줄로 튕기는 단순한 반복만으로도 훌륭한 연주가 될 수 있다고 생각하니 이쯤이야 금방 배울 수 있을 거라 믿었다.

그가 내 손을 잡아 코드를 바르게 가르쳐줄 때마다 가슴이 뛰었다. 나도 모르게 로맨스에 빠져 들었다. 그도 알았을까. 점점 그의 눈빛이 나를 향해 오고 있었음을.

나는 그동안 그를 짝사랑해오면서도 한 번도 반응을 보이지 않았다. 그날 로망스는 그가 좋아한다고 소문난 내 친구를 위한 연가라고 여겼다. 분위기가 무르익어 가는데 그가 다가왔다. 이야기를 좀 하고 싶다는 것이었다. 나는 평소에 그와 이야기하기를 원했으나 딱히 할 말이 없었다. 그를 무지 좋아한다는 생각뿐이었다. 그와 나는 자리를 벗어났다. 나는 온몸을 떨면서 그를 쳐다보았다.

"내가 좋아하는 사람이 있는데, 그 사람은 네가 잘 알 수도 있고 어쩌면 전혀 모를 수도 있어."

나는 안다고 대답했다. 그가 좋아한다는 그 사람은 바로 내 친구였으니까. 누구보다도 내 친구를 잘 아니까. 그런데도 그는 무엇이 더 알고 싶은지, 내 대답이 양에 차지 않는지 언덕에 올라 좀 더 이야기를 하자고 했다. 언덕 초입에 난 좁을 길을 그가 앞서고 나는 뒤따랐다. 내 친구에 대한 이야기를 듣고 싶지 않았다. 왜 그를 따라 가고 있는지 모르겠다는 생각이 들었다. 언덕진 곳에 자리를 잡았다. 마른 풀잎 사이로 시린 흙이 들여다보였다. 검붉은 석

양이 곧 언덕 너머로 떨어질 듯했다.

"그 사람이 너야!"

성미 급한 겨울해가 뚝 떨어져버린 듯 사위는 어두워졌다. 놀라고 가슴이 두근거리고 좋아했어야 할 그 순간, 나는 의외로 덤덤했다.

나는 속으로는 무지 반겼지만 그것은 터무니없고 가당찮은 고백일는지도 모르겠다는 생각이 들었다. 그가 좋아하는 사람이 내가 아니란 걸 뻔히 알면서도 그의 이야기를 들어주는 나는 또 무엇일까 싶었다. 그동안 가슴앓이했던 나는 그의 고백에 오히려 바닥으로 내동댕이쳐지는 듯했다. 이 일을 그도 나도 어떻게 수습할 것인지 걱정이었다. 그의 얼굴과 눈빛도 점점 어두워졌다. 나는 아무런 말을 할 수 없었다. 우린 아지트로 돌아와 아무 일도 없었던 것처럼 했다.

그날 이후, 나는 혼자 집에서 '로망스'를 쳤다. 음색은 자꾸만 튀었고 맑지를 못했다. 손가락이 끊어질 듯 아파왔지만 꼭 그 앞에서 멋지게 연주를 해보이며 마음을 고백하고 싶었다. 내 친구를 좋아하는 것보다도 나를 더 좋아해 주기를 바랐다. '미미미 미레도 도시라 라시도' 절정의 높은 음계처럼 그를 향하여 열정적으로 다가가고 싶었는지도 몰랐다.

늦은 밤 집으로 돌아오는 길에 친구를 만났다. 친구가 곁으로 바싹 다가오며 말을 걸었다. 친구는 나와 함께 있을 때마다 그의 이야기를 해왔다. 그와 유별나게 함께 있는 시간이 많다고 했고 영화나 독서에 대해서도 이야기한다고 했다. 그런 말을 들으면 내 마음은 더 불이 탔다.

친구를 볼 면목보다도 내 마음만 오롯이 바라보며 달려가고 싶었다. 그것이 내 사랑이고 싶었다. 그렇게 겨울이 가고 봄이 왔다. 나는 이제 '로망스' 한 곡쯤은 거뜬히 안 보고도 연주 할 수 있었다. 그를 불러 겨우내 혼자 익혔던 기타를 쳐 보이며 나도 좋아한다고 고백하리라 생각했다.

감정은 참으로 알 수 없는 것이었다. 사람들 앞에서 그가 나에게 남긴 로망스의 시간은 벚꽃이 피고 벚나무 잎이 물들기도 전에 끝이 났다. 나는 이제 짝사랑이 아닌 미움과 시기와 질투로 비틀어졌다. 그가 내 친구에게로 돌아간다고 선포하지만 않았어도 괜찮았을까. 나는 그를 보기 위해서 자주 갔던 도서관에 발길을 끊었다. 내 안에 '로망스'의 잔상만이 해 떨어지기 직전의 어둠처럼 남았다.

사랑은 오직 하나이기에 순위를 매길 수 없다. 거기엔 소유가 아닌 존재만 있다. 권태도 없고 나태도 있을 수 없다. 그래서 거룩하고 고귀하며 아름답다고 하는가. 사랑이 두 개가 되고 두 번째가 된다면 이미 '퍼스트 로망스'도 가치를 잃는다.

   '세컨드'라는 말에는 슬픔이 없다. '세컨드'가 '로망스'와 함께 있으니 슬픔이 밴다. 마음속 채워지지 않는 허공으로 눈물이 스미는 것이다.

부용화

부용은 연꽃 중의 하나다. 물에서 자태를 뽐내는 수련이, 진흙에서 향기를 뿜어내는 연꽃이 아닌, 나무에서 피는 연蓮이다.

한여름 땡볕 아래 피는 꽃이기에 누군가 곁을 맴돌기란 힘들 것이라 보호막이용 가시 같은 건 애초 필요가 없다. 그렇다고 해바라기처럼 되바라지게 태양을 직면하지도 않는다. 사루비아, 맨드라미, 배롱꽃이 불꽃처럼 이글거리며 타오르는 이유를 정작 모른다는 듯 부용은 희거나 연분홍의 저 다소곳한 빛깔로 작렬하는 불볕 아래 섰다.

강렬함으로 양립하기보다 순순함으로 존립하기를 선택했으니 내리쬐는 땡볕을 하소연하지 않는다. 타들어가는 속내를 붉디붉은 얼굴로 항명하지 않는다. 그저 있는 자리에서 묵언수행으로 주어진 계절을 건넌다.

여름 정오 무렵 대공원을 걷다가 무궁화인가 싶으면 접시꽃이고, 접시꽃인가 싶으면 무궁화 같은 부용 앞에 선다. 멋이라고는 없고 개성과 존재감마저도 느껴지지 않는 그것을 한참 들여다본다. 눈길과 마음을 끌 만한 게 보이지 않으니 스치면 그뿐인 꽃이다. 그러나 정작 여름을 고스란히 살라먹은 뜨거운 꽃이지 않은가. 어찌 타지도 녹지도 않고 한줄기 서늘한 낯빛을 내비칠 수 있단 말인지.

여느 꽃인들 시들고 마르지 않으랴. 자신에게 주어진 계절을 떠나보내며 아침저녁 색다른 바람이 선뜻선뜻 묻어오는데 언제 거기 있었냐는 듯 대궁에 쪼그라진 열기구처럼 달려있다. 한 번도 화려했던 적 없었으니 마지막 가는 길만큼은 눈길을 받고 싶었으나 삶과 죽음이 어찌 다를 수 있을까. 왔던 대로, 있던 대로 갈 때의 모습도 한가지이다.

아직은 서늘해지지 않은 한낮의 햇볕 아래서 부용화가 영면에 들기를 바라본다. 가장 뜨거울 때 가장 서늘한 모습을 보여준 부용의 역설적 표현을 나는 부용이 지는 대공원 뜰에서 읽고 있다.

부용, 나무에 달려 잠잠히 열반에 드는 중이다. 여기, 태양 아래 마땅한 연蓮으로 피어 있다가.

검은 모자

　해변에 모래산이 둥두렷하다. 모래조각품 전시회가 끝난 후 모래들이 다음 꿈을 꾸고 있다. 성을 쌓고 두꺼비집을 지어도 곧 허물어지는 것이 모래인데 많은 재료 중 하필 도구로 삼아 작품을 이루고자 하는 조각가들의 투지가 대단하다. 바람 한 점, 물결 하나에도 스러지고 마는 작품을 위해 흘린 땀을 저 모래산은 아는 듯 바닷바람에 숨을 일렁인다.

　청년들이 제법 눈에 띈다. 기다릴 부모님일랑 생각지도 않고 해변에 둘러앉아 목청껏 노래한다. 열심히 이야기

한다. 청아한 웃음소리를 바다로 날리는가 하면 발악을 하며 젊음을 기승부린다.

어디선가 환호가 들려온다. 소리를 더듬어 가보니 관객들이 둘러서 있다. 한 청년이 불로 쇼를 벌이는 중이다. 길쭉한 병 서너 개의 주둥이마다 불을 붙여놓고 공중으로 던지며 돌려받기를 한다. 연이어 팔다리 사이로 여러 개의 불병이 날아다닌다. 그러다 주둥이가 활활 타오르는 병을 하나씩 바닥으로 내던진다. 불은 피시식 연기를 토하며 사그라진다.

그는 단상에 폴짝 뛰어오른다. 몸에 착 감긴 검은 반팔티와 반바지차림으로 연신 배와 엉덩이를 볼록거려댄다. 마치 바위 뒤에 숨었다가 나타난 원시인 같다. 사방 관중을 향해 인사를 하더니 "여기 수 년 동안 불 하나로 버티며 살고 있는 저를 위해 이 자리에 계신 여러분, 감사합니다!"라고 외친다. 소나기 박수가 터진다. 그는 다시 단상에서 뛰어내리더니 한쪽 다리를 뒤로 쭉 빼며 짧은 팔을 공중으로 치켜 흔든다. 다시 불붙은 병으로 쇼를 보여주기 위한 몸짓이다.

그는 흩어진 병을 주워 모은다. 병마다 불을 붙여 이번에는 얼굴 가까이로 가져간다. 여기저기 비명과 응원이 피

도처럼 덮친다. 그는 더욱 신바람난다. 급기야 병 주둥이에서 피어오른 불꽃을 한 잎 한 잎 따먹듯 입술로 핥는다. 반들거리는 눈빛으로 어둠 속 관객들의 반응까지 살펴가며 우스갯소리에 너스레를 떨기도 한다. 머리카락이나 옷자락에 불이 붙기라도 할까봐 여기저기서 비명이 터져난다. 마른 침 삼키는 소리가 꿀떡꿀떡 들려온다. 나는 끼고 있던 팔짱을 풀어 손으로 얼굴을 감싸고 눈만 내놓는다. 행여 그가 실수라도 할까봐 애가 쓰인다. 그는 관중의 두근거리는 가슴을 아는지 모르는지 더더욱 촐싹거리며 뜀박질하며 불꽃을 피우고 키우고 사그라뜨리기를 한다.

신기 방통한 불을 오래도록 혼자 만지고 다듬은 것이 분명하다. 온몸에서 자유자재로 가지고 논다. 머리카락을 셀 수 없이 태웠을 테고, 화상으로 물집 잡힌 데가 한두 곳 아니리라. 하필 작은 불씨를 선택하여 쇼를 보여주는 것은 불씨 하나만 잘 간수하면 다른 밑천이 들지 않는 장사여서일까.

높은 학력에 탑재기 한 스펙에도 불구하고 청년실업이 심각하다. 3포, 5포, 7포라는 말이 나올 정도로 인간이 살아가는 기본적 삶의 요소를 스스로 포기할 수밖에 없는 현실이다. 끓는 피를 사회와 나라를 위해 쓰고 싶은데 일

자리의 문이 쉽사리 열리지 않는다. 저 불을 다루고 있는 청년은 이 어려운 시대를 이겨내려 오히려 원시적으로 돌아간 것일까. 신으로부터 불을 훔쳐낸 프로메테우스의 담대함까지 더하여 모든 것을 변화시킬 수 있는 그 원초적 도구로 뜨거운 인생을 꿈꾸는 모습이다.

마침내 그는 불을 입속으로 가져간다. 불꽃을 하나씩 삼킬 때마다 환호가 어둠속으로 피어난다. 청년은 모랫바닥에 벗어놓은 자신의 검은 모자를 머리 위로 쳐들며 "여러분, 저의 미래만큼이나 암울한 모자에게 박수해 주십시오."라고 외친다. 여기저기 지폐가 모자 속으로 날아든다. 청년의 두 눈이 유난히 반짝인다. 그러고는 또다시 촐싹대며 모래바닥을 팔딱팔딱 뛰어다닌다.

해마다 이 모래밭에서 세계불꽃축제가 열린다. 짧은 시간 동안 세상에 없는 불가사의한 꽃들이 피어난다. 바다 위에 피어오르는 화려한 불꽃을 위해 수억의 돈이 든다. 해안은 인파로 북새통이다. 해변과 언덕, 카페와 차안에 일찍 자리를 잡아놓고 불꽃을 애타게 기다린 사람들은 황홀한 밤을 맞는다. 하늘을 꿰뚫을 듯한 폭음을 따라 온통 불꽃 밭이 펼쳐지고 별 밭이 반짝인다. 그리고는 거대한 폭포수로 떨어져 내리고 강물이 되어 흘러간다. 형언할 수 없는 불꽃들이 하늘에서 바다로 모래사장으로 내려오는 동안 꽃이 꽃을 낳고 낳는다. 마침내 불꽃들이 사라지고 축제의 여운이 바다위로 떠올라 어두운 밤하늘을 마주한다.

불꽃축제는 불의 최첨단을 보여주는 듯하다. 과학, 공학을 뛰어넘어 예술로까지 피워 올린 불이라면 이 청년의 불은 그 때 떨어진 불씨 하나를 잘 거두어 두었다가 꺼내 온 것 같다. 호리병에 간직해 둔 불씨 하나로 꿈을 길어 올리고 있는 청년이 수억의 돈이 아닌 성냥 한 개비 값만 있어도 그 한 몸 가눌 수 있을 거라며 저토록 푸른 웃음을 짓는다.

청년 실업에다 꿈이 사라진 세대라고 걱정하지만 청년들은 꿈을 꾼다. 늦은 밤 검은 모자처럼 자신의 미래가 암울하다고 외치며 해안이 울리도록 웃음 짓는 저 청년의 열정이, 그가 피운 불꽃이 살아있도록 마음껏 기립박수를 올린다.

신新화수분

겨우 이틀을 함께 보내고 아들이 짐을 챙겨 떠났다. 집 안이 동굴마냥 컴컴하다. 아들의 목소리가 여기저기서 울리는 것 같다. 옷걸이에 덩그러니 걸린 잠옷바지를 쓰다듬는다. 눈에 넣어도 아프지 않은 자식이라는 말이 맞다.

먹고 살기 급급해 일에 치여 살아왔다. 최선을 다해도 물질의 그릇을 남들만큼 채우기란 힘이 들었다. 자식에게 보여줄 있는 것은 살아내는 것뿐이었다. 순간순간 위로나 희망의 말을 주고받아도 삶으로 보여주지 않고서는 탁상

공론에 불과했다.

　부족함은 늘 간절함을 불러오는 것일까. 아들은 군 복무 마지막 휴가 때 미리 일자리를 알아봐 놓았다가 제대를 하자마자 일을 시작했다. 또래들의 하루치 용돈 분량도 쪼개어가며 며칠씩 썼고, 그렇게 차곡차곡 모은 돈으로 학비와 생활비를 감당했다.

　어떤 자리에서든 아들은 나서는 것을 좋아하지 않는다. 대신 모두가 뒤로 나앉는 일에도 끝까지 마음을 쏟는 편이다. 능력 있게 일을 잘해 내는 것은 아니지만 끝까지 견디고 버티며 노력하는 편에 속한다. 그러다보니 결국에는 인정을 받아 또 함께 일을 하자는 제의를 받곤 한다. 그럴 때라도 자신의 상황을 살펴 냉철하고도 정중하게 선택과 사양하는 것을 배워나갔다.

　아들의 꿈과 내가 바라던 모습이 달라 다툰 적이 있었다. 남의 이목을 중시하여 아들의 길을 막았던 것이다. 어찌 해도, 어느 곳에 있어도 자기 앞가림을 할 수 있을 거라는 믿음을 갖지 못하고 어느 때가 될 때까지 나의 그늘에 있어야만 살아갈 수 있을 거라는 착각이었기도 했다. 혹은 그것이 내가 줄 수 있는 최대한의 사랑이었을지도 모른다.

객짓밥을 먹고 있는 아들에게서 모처럼 집에 오겠다는 연락이 오면 마음이 설렌다. 퍼내어도 퍼내어도 마르지 않는 자식사랑은 태초에 어미에게 부어진 신의 선물이다. 때론 근엄한 어미처럼, 때론 호들갑 떠는 누이처럼 또는 아낌없이 응원을 보내는 애인처럼 대하기도 하지만 예전이나 지금이나 물질로 도움이 되지 못하는 것은 똑같아 미안하고 안쓰러운 눈으로 바라볼 수밖에 없다.

 학생들에게 독서논술을 가르쳐오면서 〈화수분〉을 토론하는 날이다. 일제 강점기 때 국토 토지조사 사업과 산미증식계획을 따라 삶의 터전인 농촌이 무너져 내리고, 찢어지는 가난 속에서 자식을 향하는 부모의 끝 간 데 없는 사랑, 따뜻한 인간애를 보여주는 소설이다. 이 작품은 가난이 주는 슬픔 속에서도 피어나는 박애정신이 주제다. 가난이 무엇인지 가족 간의 애틋한 사랑이 무엇인지 요즘 학생들이 얼마만큼 이해할 수 있을까 싶다.

 무엇 하나 부족함 없는 요즘 아이들이다. 갖고 싶은 것, 소원하는 것을 여러 번 물은 적이 있으나 바라는 것이 없다고 한다. 입는 것, 먹는 것, 하고 싶은 것에 목마르지 않으니 무엇을 하며 어떻게 살아야 할지 꿈조차 꾸지 않는 아이들이 많다. 부모를 잘 만나 자주 해외여행을 다니고,

고급차를 타고 등하교를 하며, 원하는 것을 어렵지 않게 가질 수 있다. 어떤 녀석은 무엇이든 해결해주는 부모에 기대어 살겠다고 한다. 이런 아이들이 어른이 되어 풍진 삶을 만난다면 어떻게 헤쳐 나갈 수 있을까. 시대를 막론하고 세대 간이나 계층 간에 갈등과 차이는 있게 마련이라 나의 기우가 차라리 부질없는 노파심이면 좋겠다.

동시대를 살아도 학자금을 대출 받아 공부하고 아르바이트로 집세를 마련하고 통장의 잔액을 짚어가며 살아야 하는 입장이 있으니 소설 화수분 속의 주인공 화수분이 따로 없다. 퍼내어도 퍼내어도 마르지 않는 동이가 아니라 채워도 채워도 채워지지 않는 동이, 신新 화수분이다. 자신에게 맞는 분량, 채울 수 있는 만큼의 분량이 아닌, 한 인간으로 살아가기에 기본적 크기의 동이를 채우기에도 급급하게 살아가는 이들도 있다. 발버둥쳐도 건널 수 없는 구릉을 사이에 둔 것처럼 양극화가 심해질 수밖에 없는 사회구조에서 이편은 치열하게 살아내야 하고 저편은 여유 있고 즐겁게 살아간다.

"요즘 제 친구들 힘든 일 못해요. 하루 이틀이면 모두 쫙쫙 뻗어요. 엄마, 나는 지치지 않고 계속 그 일 할 수 있으니 건강하게 태어난 것 정말 감사해요. 이번에 번 돈으로 적어도 몇 달은 버틸 수 있으니 괜찮아요. 다음 일은 또 찾아보면 길이 나오겠지요."

아들이 짐을 꾸리며 했던 말이다. 나는 대답했다.

"너무 걱정 말아라. 분명 살 수 있는 또 다른 방법은 나온다."

살다보니 남들보다 성실하게 열정을 쏟아 부으며 자신에게 최선을 다하라고 물려준 화수분이 되었다. 아들이 온힘으로 이 화수분을 채워가는 것을 보며 내 안의 빈 그릇에도 희망이 차오른다. 어미로서 보여준 삶 이상으로 살아가는 모습에 더 바랄 것이 없다. 신新 화수분, 이 반어적 힘으로 버티며 살아가는, 아니 살아내는 모습에 나는 오히려 당당한 어미로 불리고 싶다.

겨울강

꽁꽁 언 강 위에 그림자 하나 없다. 겨울강이 냉기만 품는데도 강으로 나가는 것은 답답한 내 속을 풀어보고 싶어서다. 강이든 사람이든 자주 만난다고 그 속을 다 아는 것은 아니다. 수십 년 동안 앞마당처럼 강변을 거닐지만 강의 폭이나 깊이를 가늠할 뿐이다. 강에 들어가 보지 않고서야 어찌 속을 다 알 수 있으랴. 맵찬 날이 거듭될수록 겨울강은 빗장을 걸 뿐이다.

　겨울강이 쓸쓸해 보인다. 곁에 있는 풀조차 물기를 거두었다. 발을 담그던 새도 떠났으니 스스로 견뎌낼 방법을 생각하느라 침묵 중인가 보다. 구름도 하늘도 산자락도 감히 강의 품에 머물 엄두를 내지 못한다. 어쩌면 강은 이미 외로움을 넘어서버린 지도 모르겠다. 그 무엇도 개의치 않은 채 한 계절을 보낸다. 나는 그것을 타성에 젖은 자존심이라 말하고 싶다.

사랑할 수 없다고 단정하고서도 사랑하게 되는 경우가 있다. 사시사철 보지 않는다면 견딜 수 없을 나를 저 강은 알까. 아니면 제 맘대로 치기를 부려도 내가 이곳에 올 거라 믿는단 말인가. 그를 바라보는 내 시선 따윈 무시한 채 침묵만을 보낸다.

얼음으로 덮였다고 흐르지 않는 것은 아니다. 얼음 한 장 덮었을 뿐 그 품에 사는 생명은 여전하다. 발원지에서 움튼 한줄기의 힘이 계곡을 거쳐 여기까지 왔으니 그 생명을 품고 바다로 흘러가는 것이 당연하지 않은가.

사랑하는 것은 일방적일 수 없다. 어찌 한 쪽에서만 바라보는 것이 사랑이란 말인가. 강에 대한 사랑이 지칠 때도 있다. 그럴 때면 속말이 목구멍까지 치밀어 오른다. 내가 언제까지 기다릴 수 있다고 차마 말하지 못하겠다. 강 언저리를 서성이다 돌아온 날이면 이토록 아프거늘.

모처럼 햇살이 포근해진 날이었다. 잠시 냉기를 거두었

을 강에 나갔다. 강둑에서부터 온기가 느껴졌다. 햇살에 물비늘을 반짝이느라 바람에 몸을 맡긴 강물이 유유히 흐르고 있었다. 이편과 저편을 왕래하는 쪽배는 여전히 묶여 있었다. 냉기를 거두었다고 생각한 것은 나의 착각이었다. 다시는 강변으로 나오지 않겠다고 다짐했다. 그러나 나는 안다. 내일이면 또 이곳으로 올 것을.

지난 해 강이 범람했을 때 지켜보느라 발을 동동거렸다. 도시의 일부를 덮고도 제 속에 뛰어든 것들을 싸잡아 흐르던 강, 어지러운 물살로 뻔뻔스럽게 멀어져가던 그 강이 아닌가. 언제 그랬냐는 듯 다시 태연해진 것을 보고서야 나도 마음이 놓였다. 그렇다. 강을 본다는 것은 나를 위무하는 일이었다. 때로는 역류하는 그를 따라가다가 뒤돌아서서 가는 그의 긴 꼬리를 바라보느라 아팠던 적도 있었다. 원하지 않아도 지나가야 할 길처럼, 비껴갈 수 없는 얼음장이라면 내가 견딜 수밖에 없었다.

나 또한 겨울강이 되어봤다. 냉풍에 물살이 쪼개어지고 그 틈으로 쉴 새 없이 찬 기운이 스며들었다. 급기야 변곡점에 이르렀을 때 온몸이 얼어버렸다. 사랑하는 사람과의 이별이 그랬고, 믿었던 사람에게 배신을 당했을 때가 그랬다. 아니 땐 굴뚝에 연기가 피어오를 때도 그랬고, 누가 뻔한 일을 거짓으로 만들어 우겨올 때도 그랬다. 나의 겨울은 참으로 길고 봄은 늘 아스라했다. 그때는 누가 지속적으로 다가와도 신뢰가 차지 않아 사랑의 물길을 낼 수 없었다.

겨울강, 그에게나 나에게나 다가올 봄이 몇 번일까. 세상에 변하지 않는 것은 없다. 릴케의 말을 새겨본다. '한 번, 모든 것은 단 한 번 존재할 뿐 그리고 다시는 오지 않는다. 다시 시작되는 법이 없다.'

그의 빗장을 풀 수 없어 오늘도 강 언저리에 서서 봄을 기다린다. 머잖아 얼어붙은 강에 실금 하나가 그어지겠지. 그리하여 봄바람이 살그머니 스며들어 그 마음이 풀리는 날 나에게도 기다리던 소식이 오지 않을까.

자전거를 타고 오는 봄

바래어 일어설 줄 모르는 바싹한 풀잎 사이로 새 기운이 오른다. 포슬포슬한 볕이 아직 땅에 닿기도 전에 여린 봄풀이 다투어 고개를 내민다. 기어이 땅을 뚫고 나오고야 마는 근성, 봄을 향한 투지, 꽃이나 나무에 대한 귀여운 시샘이 생명으로 돋움하는 것일까.

내 생애 그토록 사무치게 바랐던 것이 있었을까. 이보다 더 강렬하게 꿈틀거렸던 무언가와 한때가 있었던가 싶다. 그것은 친구가 운동장을 배배 돌며 타는 자전거, 핸들 앞에 바구니가 달린 키 작은 자전거를 보며 일어났던 일이다. 나이와 무관한 삶의 계절을 한 바퀴나 제대로 돌지도 못했을 그 때, 나는 생애 첫봄을 맞이하고 있었나 보다.

나는 가슴 앞에 두 손을 마주잡고 검지를 내세우며 딱 한 번만 타보자고 애원을 했다. "알았어, 한 바퀴만 더 돌고." 친구의 대답은 애기똥풀처럼 앙증스러웠다. 그러나 한 바퀴를 돌고 나면 더 피어오를 꽃이 남았다는 듯 또 내 앞에서 멀어져 운동장 끝으로 달려가는 것이었다. 그러기를 며칠이나 하다 보니 이상한 것이 발동했다. 도깨비 뿔 같은 것이 삐죽삐죽 내 몸을 뚫고 솟아나는 것 같았다. 나는 온 몸에 뿔을 달고 집으로 달려왔다.

아버지의 자전거는 친구 것과 달랐다. 4학년 꼬맹이가 타기에는 안장이 어마어마하게 높았다. 감히 올라앉을 생각일랑은 하지 않았다. 그저 친구 앞에 버젓이 자전거와 함께 서고 싶었다. 친구는 아직도 자전거 바퀴를 굴리며 운동장을 돌고 있었다. 친구 것보다 배나 높은 아버지의 자전거를 멋있게 타보일 수만 있다면…….

간절히 원하면 방법을 찾게 되는 것일까. 아버지처럼 한쪽 발로 페달을 살짝 굴리다 가속이 붙으려는 찰나 살포시 반대쪽 다리를 치켜들어 올라타면 되는 법. 백 번도 더해봤지만 갑자기 다리가 길어지지 않는 한, 자전거의 키가 낮아지지 않는 한 불가능한 일이었다.

　새로운 방법을 모색해야 했다. 저절로 눈에 띈 것은 벤치였다. 자전거를 벤치와 나란히 세워놓고 자전거 둘레를 엉거주춤 돌아 벤치 위로 올라섰다. 그리고는 안장에 정착했다. 한쪽 발은 벤치에 걸쳐놓은 상태로, 반대편 발로는 페달 축을 건드려 페달이 돌아 신발바닥에 닿으면 놓치지 않으려 대기했다. 자전거를 굴릴 준비가 완벽했다. 눈앞에 아무것도 보이지 않았다. 오직 자전거와 나 뿐이었다. 이제 광활한 운동장을 믿으며 달려나가기만 하면 되는 것이었다.

　양손에 잡힌 핸들이 떨렸다. 다리도 후들거렸다. 마음을 가라앉힌 후 몸을 곧추 세우며 페달을 힘껏 굴리는 순간, 그대로 자빠지고 말았다. 또다시 벤치 옆에 자전거를 바싹 세우고 벤치 위에 올라섰다. 똑같은 동작을 다시 하기를 셀 수가 없었다. 운동장에서 불어오는 명지바람이 나를 쓰다듬었다.

　자전거는 수백 번도 넘게 패대기를 당했다. 아직 제대로 탄다고 할 수는 없었으나 삐뚤어진 핸들 바르게 돌려놓기, 늘어진 체인 제대로 걸어놓기까지도 할 수 있었다. 무한 반복은 무엇이든 식은 죽 먹기로 만들어준다는 것을 점점 알아갔다. 짧은 다리가 오히려 페달 굴리기의 재미를 더해주었다.

자전거가 걸레처럼 너절해지자 두 손을 놓고도 중심을 잡을 수 있게 되었다. 나보다 잘 타는 사람은 없을 것이었다. 아버지도 나만큼은 못될 것이고, 내 친구는 잽도 안 될 것이었다.

나는 자전거를 몰고 교문 밖으로 나갔다.

"누가 내 뒤에 탈 사람?"

모두가 손을 내저었지만 내 앞에서 자전거를 타며 알짱거렸던 친구가 타주겠다고 나섰다. 친구가 한 번도 경험해보지 못한, 기억에 남을 멋진 자전거여행을 시켜주겠다며 큰 소리로 나를 꼭 붙잡으라고 외쳤다. 친구가 두 손으로 내 허리를 거머쥐자 온몸이 오글거리며 간지러웠다. "야, 나 잡지 마!"라고 외치는 순간, 비틀비틀거리며 우리는 탱자나무 울타리에 곤두박질치고 말았다. 대침 같은 가시들에게 벌집 쑤신 것 마냥 찔리고서야 겨우 일어섰다. 이런 끝에 동생도 태우고 엄마도 태우며 마음껏 봄을 누볐다.

반백 가까운 자연의 봄을 지나오면서 자전거를 타고 온 나의 첫봄이 발판 되어 두 번째 세 번째 인생의 봄도 맞이해 보았다. 새움이 돋고 꽃을 피우고 나비가 날아드는 봄은 그냥 오는 것이 아니었다. 홀로 높디높은 자전거 위에서 간신히 균형을 잡고 발바닥이 닿지 않는 페달을 걷어차 올리며 달려가고픈 마음이 하늘까지 부풀어 올랐을 때 비로소 봄이 왔다. 땅 속에서 수백 번의 넘어짐과 일어남의 연습 끝에 생의 봄이 새파랗게 돋아났다.

제 2 부

기억의 뜰

소리장도 笑裏藏刀

방어진 곰솔

기억의 뜰

여름나기

꿀잠

여락 餘樂

그 놈

선 線

어머님은 뽑히지 않는 기억의 풀 한 포기를 나에게 내비치는 것이 유일한 숨구멍일까. 저 주름진 세월을 다 파헤쳐서라도 그 기억을 뿌리 채 뽑아드리고 싶은데 내 손이 미치지 못하는 저 영역을 어찌할까. - '기억의 뜰'

소리장도笑裏藏刀

가족사진을 찍은 지 두어 달이 다 돼 간다. 여울지던 봄볕이 어느새 작렬하고 있건만 찾으러 오라는 연락이 없다. 내가 먼저 전화를 걸어보니 하, 언제든 오란다.

이벤트가 떴다. 화목사진관에서 공짜로 가족사진을 찍어주겠다고 했다. 지역 시민을 위해 재능을 봉사하고 수입의 일부를 기부하겠다는 뜻으로 선착순 천 명까지 허락을 했다. 신청을 했더니 당첨됐다는 메시지가 금세 왔다. 이런 행운이 날아들 줄이야.

타 지역에 살고 있던 식구들이 모였다. 모두 청바지에

흰 티셔츠로 맞춰 입었다. 오십 년 가까이 살면서 청바지를 자주 입지 않아 왠지 몸은 뻣뻣했으나 오랜만에 눈꼬리를 그리고 마스카라를 덧칠했다. 분홍 글로스로 입술을 반짝이게도 했다. 저마다 머리를 손질하고 무스로 멋을 내는가 하면 패션에 관심 많은 녀석은 티셔츠를 바지 속에 넣었다 뺐다 하며 스타일을 잡았다.

사진관은 이벤트에 당첨된 사람들로 북적거렸다. 삼대가 함께 웨딩 차림으로 대기 중인 가족도 있고, 80년대 교복을 입고 사진을 찍는 가족도 있었다. 우리는 벽에 수국과 장미가 만발하게 그려진 공간에서 대기했다. 젊은 주인남자가 자주 우리를 기웃거리며 음료를 권하기도 하고, 조금만 더 기다려달라며 친절하게 대했다. 무슨 연유에서건 사람들을 위하는 일이 쉽지 않을 터인데 웃음기를 잃지 않았다. 오히려 주인은 많은 가족이 사진을 찍으며 화목해하여 보람을 느낀다며 싱글벙글했다. 와중에 다른 가족들이 번갈아가며 옷을 갈아입고, 헤어스타일을 다듬느라 도떼기시장을 방불케 했다.

사진작가는 베테랑이었다. 가위를 든 미용사나 메스를 든 의사보다 사람을 다루는 기술이 노련해 보였다. 온갖 포즈를 권하며 사진을 찍는데 그의 말을 거부할 겨를이 없었다. 스튜디오가 복잡하기도 했거니와 작가의 입담에 빠진 채 카메라 불빛 바라보기도 바빴다. 능청스럽게 아들과 사위를 바꿔 부르고 딸을 며느리로 부르니 어딜 봐도 그럴 리 없어 보이는 우리 가족은 꼭두각시가 된 것만 같았다.

50인치 대형 스크린에 사진이 수백 장 떴다. 젊은 주인의 손놀림으로 한 장 한 장이 동영상 돌아가듯 움직였다. 우리가 취했던 몸짓이 저토록 다양하고 표정이 무구했을까. 천천히 음미하며 고르고 싶은데 주인은 사진을 한번 주르르 넘겨주더니 벽쪽을 보라고 했다. 액자가 사이즈대로 걸려있었다. 큰 것은 큰 것대로 중간 것과 작은 것은 또 그런대로 탐이 났다. 그제야 이 화목사진관이 우리를 화목한 가족으로 만들어준 대가를 지불해야 한다는 것을 알았다. 주인은 돈은 생각하지 말라고, 마음에 들기만 하면 액자 값은 섭섭하지 않도록 해결해주겠다고 했다. 정해진 값을 말해보라고 해도 기어이 알려주지 않고 선택을 강요했다. 비위가 상했지만 능글맞게 맞대응하거나 받아칠 수 있는 능력이 없이 내 표정이 굳어졌다.

조금 전까지 깔깔거리며 화목하던 모습이 사라지자 주인이 눈치를 챘을까. 여전히 입가에 웃음을 잃지는 않았지만 목소리에 각이 느껴졌다. 이벤트에 당첨되어 왔다고 하자 "아, 당연히 이벤트에 당첨되셔서 요 액자 한 개는 기냥 드린다니까요오."라며 손바닥만한 나무액자를 들어 보였다. 그러더니 사이즈대로 값을 부른 후 다시 값을 푹 푹 깎아내렸다. 액자 수에 따라 또 값이 달라진다고 하는데 머릿속에서 얼른 계산이 되지 않았다.

주인이 잠깐 자리를 비켜주길 바랐지만 우리가 하는 의논을 그대로 듣고 있었다. 견물생심이 발동하다가도 상상하지 않았던 비용을 지불해야 할 생각에 멈칫거렸다. 스크린에서는 폼을 재고 있는 수백 장의 우리가 우유부단하게 눈치만 보고 있는 우리를 바라보고 있고, 바깥에서 대기 중인 손님들은 우리 일이 어서 끝나기를 기다리는 눈치였다. 마음 같아서는 백 장이든 천 장이든 다 찾고 싶었지만 생각하지 못했던 주인의 상술에 달랑 두 장만 선택했다. 그것도 액자 크기를 중간 이하의 것으로.

소리장도笑裏藏刀라는 말이 있다. 고대 병법의 핵심을 모은 책《36계》에 나오는 말로 2부 아군과 적군의 세력이 비슷할 때 기묘한 계략으로 적군을 미혹하여 승리를 이끄는 작전 중 10계가 소리장도이다. 웃음 속에 비수를 감추고 있다는 뜻처럼 어려운 경기景氣를 이겨낼 묘안을 강구

하다 벌인 사진관의 이벤트인가 싶었다. 살아남기 위한 주인의 웃음 속에 감춘 상술에 나는 그만 허허로운 웃음을 날릴 뻔했다.

이벤트로 발길을 당겼으나 흥정에 약한 우리에게 주인이 가격을 정해진 대로 미리 말해줬더라면 우리 가족은 어땠을까 싶다. 화목한 가족 모습을 남기고 싶어 단장하고 왔기에 기분 좋게 사진을 찍었을 수도 있겠고, 반대로 웃음에 넘어간 어리석은 우리 스스로를 알고 돌아갔을 수도 있겠다. 적어도 마지못한 마음으로 액자를 선택하진 않았겠다 싶으니 소리장도에 걸려든 듯하여 씁쓸했다.

차마 사진을 내버리고 나올 순 없었다. 사진이 나오면 바로 연락을 해주겠다는 말을 듣고 순순히 액자 값을 지불했다. 스튜디오 옆을 지나다 카메라 플래쉬가 터지는 쪽으로 고개를 돌려보니 사진작가의 너스레를 따라 어떤 대가족이 웃음보를 터뜨리며 폼을 재고 있었다. 내 속에서 쨍그랑댔던 마음이 오래오래 벽에 걸어두고 바라볼 화목을 찍는 모습에 슬그머니 웃음으로 터져났다. "세상엔 공짜가 없지."라며 사진관을 내려오는 길에 저 대가족들의 사진 값을 주인의 계산법으로 짚어보다 폭소를 연발하고 말았다.

이번 주말에 흩어진 식구들을 불러 모아야겠다. 마음에 끼고 사는데도 늘 그리운 가족을 찾으러 화목사진관으로 가야겠다.

방어진 곰솔

이른 아침 방어진 솔숲이다. 동해를 솟아오른 빛이 바늘잎 사이로 스며든다. 천천히 숲 사이로 걸어들자 솔향이 예전 같지 않다. 다만, 마른 나무 냄새가 잔잔히 코끝을 스친다.

발아래 몇 개의 그루터기를 살핀다. 잘린 밑동의 둘레가 하나 같이 아름드리다. 등고선처럼 그려진 나이테를 보자 세어보지 않아도 세월이 짐작된다. 둥치만 남자 땅속 뿌리가 아직 생이 끝나지 않았다는 듯 땅위로 드러나 울퉁불퉁 길을 내고 있다.

숲 가운데에 크레인 한 대가 보인다. 더운 날씨라서 그런지 이른 시각인데 시동을 건다. 고개를 들어보니 남자가 크레인 작업대에 올라가 있다. 헬멧을 쓴데다 선글라스와 마스크로 얼굴을 가리고 야광 띠가 그려진 작업복을 입었다. 손에는 전기톱을 들었다. 남자가 숲의 전사인 양 팔을 뻗치자 나뭇가지가 단번에 잘려 떨어진다. 솔방울 하나 남지 않은 나뭇가지에 남아있는 잎마저 검붉게 타들었다.

크레인에서 전지 작업을 마치면 나무 아래에 서 있는 남자가 나무줄기에 흰 띠를 두른다. 병충해로 마른 가지를 자르는 작업이 끝났다는 표시이다. 며칠째 작업을 했는지 숲에는 이미 띠를 두른 소나무들이 많다. 줄지어 띠를 두른 나무를 보자 다윗의 노란별을 달고 아우슈비츠행 열차를 기다리는 유대인 행렬이 떠오른다. 앞일을 모른 채 푸른 땅을 꿈꾸었다는 그들처럼 이곳 곰솔도 영원한 생명을 꿈꾸고 있지는 않을까. 나무 중 으뜸이요, 여느 나무와 비할 수 없는 기상을 지닌 소나무, 그중 이것들은 '곰솔'이라 불린다.

방어진 곰솔은 소금바람을 숙명으로 여기며 살아왔다. 짠맛을 달게 거두느라 살갗이 검어지고 매서운 바람까지 견뎌야 하여 근육질이 단단해졌다. 우뚝한 키에 푸르고 늠름한 자태가 깊고 푸른 동해를 닮아 유독 빛나던 곰솔들. 주변에 있는 자동차 공장과 조선소 매연을 온몸으로 걸러 물빛 바람을 내보냈다. 거친 파도에 흐트러짐 없는 대왕암의 기암을 내려다보고 저만치 슬도에서 들려오는 비파소리에 귀를 닦으며 이곳의 풍광을 더해왔다.

 곰솔들이 시나브로 타들어갔다. 극심한 가뭄과 오래된 세월 동안 기운이 약해진 육신으로 솔껍질깍지벌레의 숙주가 되느라 병이 더 깊어졌다. 이상기온으로 재발된 병은 주기적인 살충작업에도 어찌하지 못했다. 몸에 지닌 가시를 없애달라고 기도하던 바울에게 네 은혜가 네게 족하다고 응답했던 신의 선물일까. 곰솔은 솔껍질깍지벌레로 인해 자신을 점검하고 다독이며 겸손을 잃지 않으려 했는지도 모르겠다.

 소나무는 병들거나 죽음을 감지하면 많은 솔방울을 맺는다. 생육의 본능인지 더미로 쌓여가는 삭정이 곁에 솔방울이 흩어져 있다. 띠 두른 나무 밑에 더 많이 있는 것으로 보아 소나무가 삶의 종착을 알아챘는지도 모른다. 더욱 놀라운 일은 그루터기 옆에 어린 소나무들이 자라고 있다. 키가 작고 줄기도 약해 지지대를 의지한다. 저것들도 소금바람을 거뜬히 이겨내겠다고 다부진 약속이라도 한 걸까. 시원스레 불어오는 해풍에 잔잔한 떨림만 보일 뿐 초연하다.

　울울창창하던 숲이 다듬어지는 건 가슴 아픈 일이다. 그나마 그루터기와 함께 성한 가지도 남았다는 게 다행이다. 머잖아 어린 소나무가 또 믿음직한 곰솔로 자라 방어진을 지켜줄 것이 아닌가. 삶에도 소금바람을 피할 수 없으니 이겨내느냐 쓰러지느냐는 생각 차이이다.

　어느새 숲 깊숙이 빛이 든다. 여전히 전기톱 소리가 멈추질 않는다. 곰솔을 위안하듯 바닷바람이 짠내를 실어 숲으로 나른다. 나는 소리새마냥 휘파람을 불며 숲을 나선다.

기억의 뜰

어머님이 타고 계신다. 내가 차에 오르자마자 나를 보더니 찡긋 웃으신다. 단춧구멍만한 눈, 납작한 코, 선이 엷은 입술이 이마와 볼 그리고 턱까지 하나가 되어 구겨놓은 은박지 속을 연상하게 한다. 웃음이 거두어지자 다시 펼친 은박지처럼 주름진 시간을 되돌릴 수 없는 모습이 된다. 엉거주춤 인사를 건네는 내 손을 슬쩍 치더니 "내가 그 말만 안했어도." 한다. 어머님이 나를 볼 때마다 하는 말이다.

어머님의 기억 속에 남아있는 그 말, 뽑히지 않고 아직도 살아있다는 것이 섬뜩하다. 내 기억 속에선 지우고 말고 할 것 없는 아무것도 아닌 일을 어머님은 또다시 마지막처럼 꺼내놓으신다. 나도 진정 마지막처럼 또 한 번 힘을 주어 대답한다. "아니에요. 정말 아니에요. 어머니, 이제 그만 잊으세요."

우리는 남빛 가을바다를 달리고 있다. 멀리 떠 있는 쪽배가 수평선에 걸려 벗겨진 신발같다. 갈매기 몇 마리가 신발을 주우러 힘차게 달려 나간다. 어머님이 "좋다, 차암 말로 좋다!" 할 것 같은데 아무런 말이 없다. 방에만 갇혀 있어 바다를 잊었을까. "저 바다 좀 봐요." 어머님은 내 말에 아랑곳없이 기억을 더듬고 계시는지 창밖으론 눈길을 주지 않으신다. 꽃도 과목도 다 사라지고 도무지 시들 줄 모르는 억센 풀 한 포기가 아직도 어머님 기억의 뜰에 남아있는 듯 "미안하데이, 돈 달라 했던 거."라고 또 말을 한다.

수크령을 볼 때마다 어머님이 떠올랐다. 겨울 내내 제자리에서 눕고 일어서기를 반복하다 어느새 봄빛이 스미면 연둣빛 새잎이 묵은 잎 사이사이로 돋아나는 풀이다. 여름이면 강아지풀과 닮은 수크령 꽃이 고개를 뻣뻣이 세우며 핀다. 나는 어느 글에서 풀을 민초에 비유할 때 수크령을 떠올렸다. 여름 지나면 풀의 진면목을 보여주듯 수크령보다 강한 풀이 없다고 생각했다. 한번은 싸움박이라도 해보고 싶어 강둑에 핀 수크령 앞에 섰다. 씨름선수의 샅바를 휘감듯 수크령 잎을 거머쥐었다. 마침 장갑을 끼어 다행이었지 하마터면 손을 베일 뻔했다. 나는 수크령의 샅바를 쥔 김에 악을 썼지만 완패했다. 가을이 되어도 뻣뻣한 풀잎에서 힘이 빠지기는커녕 질겨가며 강둑이 누렇게 변해간다. 땅도 수크령을 더욱 움켜잡는 바람에 예초기가 쉬어가면서 수크령을 베어놓으면 둑은 가을 풀 냄새에 흠뻑 젖는다. 그 수크령이 있는 둑을 걷다보면 아련한 기억이 스멀거린다. 어머님 기억의 뜰에 잊힐 것은 잊히고 사라질 것은 다 사라졌는데 수크령 같은 기억 하나가 어머님을 흔들고 있다.

어머님이 오셨다는 말에 나는 약속장소에 있다가 부리나케 달려왔다. 어머님을 만날 기회가 또다시 오지 않을 것 같은 까닭 없는 예감이 나를 괴롭혔기 때문이다. 그런데 어머님은 나를 보자마자 또 그 말이니 그 뿌리가 모질고도 모진 모양이다.

결혼해서 신혼여행을 다녀오고, 며칠을 머물다 신혼집으로 떠나려 채비를 할 때 어머님이 조용히 방문을 여셨다. 그러고는 "야야, 돈 좀 줄 거 있냐……."라며 머뭇거리셨다. 며칠 후면 신혼집으로 가볼 텐데 그때 필요한 여비를 달라는 것이었다. 이후에도 대소사가 있거나 집엘 다니러 가면 종종 금전을 요구해서 미처 준비하지 못한 나는 당황했다.

나는 돈에 대한 개념이 없었던 모양이다. 장녀로 자라면서 용돈을 받기 시작했을 때 동생들과 나눠 쓰는 걸 당연하다고 여겼다. 내 것에 대한 애착도 없는 편이어서인지 어머님의 요구가 부담스럽지 않았다. 게다가 돈이 아쉽지 않은 형편이라 부모형제에게 주는 것이 거슬리지 않았다.

결혼 후 이태쯤 지나자 어머님이 신혼집을 구할 때 가져간 간 돈을 돌려달라고 했다. 빚을 갚아야하기에 필요하다는 것이었다. 당연한 일이었다. 나는 다른 집을 구하면 되었으니까. 어머님의 요구와 나의 마음이 딱 맞물려 떨어져서 서로 거리낌이 없었다.

사업으로 잘 나간다 생각했던 집이 둑 터진 저수지처럼 모든 것을 물바다로 만들어버렸다. 물이 빠져나간 후 온전한 것이 하나 없었다. 사람이든 일이든 물질이든 모든 기능이 사라지거나 망가지고 말았다. 어머님은 복마전이

지나간 이후 허물어진 모든 것을 자기 탓으로 돌렸다. 화가 가슴에 쟁여져 귀는 멀어가고 정신이 혼미해졌다. 건망증 증세가 남보다 심해지고 빨라지더니 어머님의 기억에서 숨 쉬던 일들이 한 가지씩 사라지기 시작했다. 그런데 나에게 금전을 요구했던 그 기억은 왜 아직도 남아서 어머님을 괴롭히는 걸까.

세월이 잠잠히 찰싹이는 바다만은 아니다. 가끔 너울이 일 때면 아무런 방책 없는 이들은 꼼짝없이 숨을 죽이고 있을 수밖에. 어머님과 나 사이에 그런 시간이 생겼고, 한번 생긴 그 간격은 좁혀질 기회가 주어지지 않았다. 어머님은 나에게 당당하게 뭔가를 요구하는 것을 잊었고, 줄 것이 없어진 나는 어머님을 가까이하는 것을 잊어갔다.

요양보호사의 도움 없이는 거동이 불편한 어머님은 시력과 청력이 그 기억과 함께 떠나가고, 나도 재미있게 들었던 어머님의 옛이야기들이 가물거리기만 한다. 어머님은 뽑히지 않는 기억의 풀 한 포기를 나에게 내비치는 것이 유일한 숨구멍일까. 저 주름진 세월을 다 파헤쳐서라도 그 기억을 뿌리 채 뽑아드리고 싶은데 내 손이 미치지 못하는 저 영역을 어찌할까.

가을바다를 지나다 어머님이 평소 좋아하셨던 회를 시

킨다. 어머님 앞에서 난생 처음으로 소주를 한 병 시킨다. 언제나 회를 먹기 전에는 소주 한 잔을 해야 날것에 대한 뒤탈이 없다며 젊디젊은 나에게 술을 권했던 어머님이셨다. "어머니, 한 잔 드릴게요. 저한테도 주세요." 어머님이 나를 보며 방긋 웃으신다. 그리고는 계속 옆에 누군가 앉아있는 것처럼 혼잣말을 하신다.

한 접시 회가 줄어들지를 않는다. 어머님의 앞 접시에 이것저것 가져다 놓다가 그만 둔다. 어떤 것도 어머님 앞에 놓고 싶지 않다. 어머님의 기억 속에 더 이상 무언가를 드린 내가 남지 않길 바라므로. 어머님 기억의 뜰에 얼른 가을 가고 겨울 가고 새봄이 오길 바라며 다시 내 손에 든 잔을 어머님 앞에 내민다.

여름나기

"더워서 죽겠다."가 입에 달린다. 예전에 미처 느끼지 못했던 무더위까지 맛 좀 보라는 듯 여름은 봄이 가기도 전에 와서 가을이 오고 난 후에도 쉬이 사그라들 줄 모른다. 온실가스에 소 방귀에서 터져 나오는 메탄가스까지 합세하여 지구온난화가 더해지고 있다니 여름은 갈수록 태산이다. 에어컨 덮개는 벗겨놓았지만 나 하나라도 지구사랑 운운하며 선풍기를 들고 앉는다.

농수산물 시장에 들렀더니 포터에 수박이 셀 수 없을 만큼 실려 있다. 둥근 것에도 각이 있을까, 어쩌면 저토록 아귀를 착착 맞추어 쟁였을까 싶다. 장부 두 명이 짐칸 가장자리에 붙어서서 한 덩이씩 덜어낸다. 나머지 사람들은 그 수박을 받아 저울에 단 후 나름 배열규칙에 따라 바닥에 행렬을 세운다. 그리고 '상품' 이라고 씌어진 금색리본을 수박의 이마빼기마다 붙인다.

 많고 많은 과일 중 수박이란 놈의 자부심은 대단해 보인다. 인부를 부리는 저 도도한 횡포에 아무리 힘센 사람이라도 두 덩이씩은 들지 못한다. 포터에 실린 놈들이 수백 개는 돼 보이는데 하나씩 하나씩 품에 안아 조심스럽게 내려놓는 모습을 보다 수박 패대기치기를 했던 어린 날 여름이 떠오른다.

 한낮 땡볕을 마주하며 탁이네 수박밭을 지나게 되었다. 널따란 이파리들 사이로 시퍼렇고 둥글둥글한 궁둥이 같은 것들이 숨어있고, 덩굴에 매달린 채 고랑으로 굴러 내려온 것들도 있었다. 우리는 눈을 맞추고서는 밭으로 숨어들었다. 미야가 수박을 통통 두들겨보기 시작했다. 어떤 소리가 잘 익었을 때 나는 소리인지 몰라 그 중 가장 큰 것을 골라 땄다. 우리는 수박을 안고 원두막까지 점령했다. 원두막이 왜 그리 높은지, 오르는 사다리에 줄을 서서 수박을 전달해 올렸다.

칼이 보이지 않았다. 현이가 일어서더니 수박을 들었다. 그러고는 마치 폭탄 투하하듯 바닥을 향해 던졌다. 많이 해본 듯한 솜씨였다. 수박은 반쪽이 나고 몇 조각의 파편이 튀더니 벌건 속살과 콕콕 박힌 까만 씨를 드러냈다. 우리는 흡혈귀가 되어 얼굴을 쳐 박은 채 달고 뜨뜻미지근한 수박을 먹기 시작했다. 단번에 수박물이 얼굴에 배어들었다. 반도 먹지 않은 채 버려두고 또 다시 밭으로 나갔다.

닥치는 대로 수박을 두드렸다. 잘 익었는지 덜 익었는지가 중요한 것이 아니라 어떤 것이 걸려들까 기대에 찼다. 큰놈 작은놈 구별하지 못했지만 서로 최고를 알아보기 위해 눈을 부라렸다. 그러다 한 놈이 걸려들면 첫 만남의 인사로 몇 번 통통 두드려 주는 것이 당연한 법이다. 사과를 깎기 전에 칼등으로 사과의 정수리를 때리며 인사를 하는 것처럼. 그렇다고 서리하는 수박을 살살 간질러주듯 해서도 안 되었다. 인정사정없이 통통 치며 인사를 건네면 되었다.

또 하나 걸려들었다. 얼른 땡볕을 피해 다시 원두막으로 올라갔다. 이번에는 내가 깨기로 했다. 꼭지를 잡은 채 떨어뜨려서 깨뜨리고 싶었으나 수박의 힘은 땡볕처럼 강

했다. 결국 나도 자리에서 일어나서 머리 위로 수박을 들어 올렸다가 던졌다. 박살이 났다. 원두막 바닥이 벌게졌다. 우리는 또 수박의 파편 한 조각씩을 얼른 주워 먹다가 모두 땅 속에 파묻어버렸다.

화야와 근이와 경아가 돌아가며 수박을 깨뜨렸지만 하나도 제대로 먹지 않은 채 모두 땅 속에 묻었다. 밭주인이 알면 홧병이 날지도 모른다는 것을 우리도 알았으니까. 우리는 이마와 볼, 그리고 입가에 수박씨를 붙인 채 원두막이 떠나가도록 웃었다. 그때 탁이 아버지가 나타났다. 저만치서 지게 작대기를 휘두르며 달려오고 있었다.

"뛰이라!"

순간, 우리는 한꺼번에 소리를 지르며 원두막 밑으로 뛰어내렸다. 그리고는 아무 신발이나 꿰차고 내달렸다.

며칠이 못가 다시 탁이네 원두막 생각이 났다. 딱 두 덩이만 손을 대기로 약속했다. 탁이 아버지가 경운기가 뒤집히도록 수박을 싣고 읍내로 멀어져갈 때나 원두막에 막걸리 병을 줄 세워 놓고 코를 곯고 있을 때는 최고의 기회였다. 어김없이 수박 머리통을 두드려보다 걸려드는 대로 깨뜨렸다. 어떤 것들은 마그마처럼 붉게 용암이 흘러내리듯 박살나는 것도 있었다. 먹는 둥 마는 둥. 살쾡이처럼 땅을 후벼파 묻어버리고 얼굴을 쓱쓱 닦으며 원두막을 나서곤 했다. 그런 중 비 오는 날도 만나고 지나가던 태풍도 만났다. 수박이 물에 잠겼을 때는 차마 서리할 수 없었다. 그것은 탁이 아버지의 눈물 같기도 하고 땀방울 같기도 해서 함부로 밭에 들어설 수가 없었다.

여름이 끝나갈 즈음, 밭주인들이 밭을 놓았다. 아무나 와서 마음대로 따가도 좋다는 것이었다. 몰래 먹는 떡이 단 법, 놓아버린 밭에 남아있던 수박은 볼품없어 보여 거들떠보지도 않았다. 그렇게 땡땡하고 푸른빛이 선명하던 여름이 금방 시들시들해져서 널브러져 있었다.

갈수록 여름이 지루하게 달라붙는다. 숨이 막힐 것 같다. 불덩이가 되어가는 이 지구가 무섭다. 탁이 아버지가 눈을 부릅뜨고 달려올 때 휘둘렀던 지게 작대기로 저 태양의 이마빼기를 내리치며 인사를 건넨 후 태양서리를 해버릴까. 그러면 그해처럼 여름은 금방 시들시들해질까. 환경오염이니 지구온난화니 해서 에어컨조차 마음껏 틀지 못하고 선풍기 날개바람 앞에 앉아 수박 한 통으로 무시무시한 여름을 쫓고 있다.

꿀잠

내시경을 받으러 갔다. 기침앓이 중이라 수면내시경이 안된다고 했다. 무의식 중 기침이라도 나면 위험상황이 발생할 수 있다는 것이었다. 눈이 달린 기다란 호스가 뱃속으로 기어갈 때의 고통을 생각하니 망설여졌다. 그러나 좀체 떨어지지 않는 기침이 완전히 물러갈 때까지 기다릴 수 없어 일반내시경을 받기로 했다.

차례가 올 때까지 로비에 앉아있자니 걱정이 이만저만 아니었다. 취소하고 싶어 눈치를 살피고 있는데 간호사가 잰걸음으로 다가왔다.

"입 벌리세요. 아……"

다짜고짜 입을 벌리라는 바람에 내 입이 벌어졌고 그 순간 목구멍에 마취제가 순식간에 뿌려졌다. 간호사가 뒤돌아서자마자 입안과 목이 얼얼해지며 굳어졌다. 곧 의사 앞으로 불려가고 침대에 모로 눕는데 토악질이 나왔다. 아무래도 자신이 없었다. "다음에, 다 다 다시, 오면 안, 돼요?" 애원하는 눈길까지 보냈다. 이삼 분이면 된다는 대답과 함께 의사가 기다란 줄을 쓱 끌어내렸다. 나는 그만 눈을 질끈 감아버렸다.

이승과 저승의 갈림길이었다. 인간은 고통을 피하기 위해 수면을 택한다는 것을 알았다. 수면은 인간이 머물고 싶은 노스탤지어다. 결국에는 돌아가고 싶은 안식처이다. 매번 잠을 청할 때마다 꿈꾸는 새로운 유토피아다. 내시경 중 눈물을 흘리며 수면의 이상세계가 간절했다. 잠을 취한 것 때문에 지금까지 스스로 죄책감에 묶이게 되었던 그날이 떠올라 나는 잠깐 후 내시경이 끝나면 당당하게 일어서리라 마음먹었다.

그날 아침, 태풍이 올라오는 중이었다. 딸을 직장에 데려다주고 스터디에 참석해야했다. 서둘러 딸을 내려주고 돌아오는 길, 바람이 범상치 않았다. 곧 앞이 보이지 않을 정도였다. 스터디가 취소되었다는 연락이 왔다. 비 오는 아침에 이런 꿀떡이 없었다. 집에 도착하자마자 침대로 파고들었다.

얼마나 잤을까. 수십 통의 문자와 전화가 들어와 있었다. 비 오는 날이니 부침개를 구워먹자는 소리부터 일을 접고 집으로 돌아간다는 소식과 옴짝달싹 못하고 발이 묶였다는 소식이었다. 창문을 열었다. 어딘가 수문이 열린 듯 물이 경사진 길을 따라 쏜살같이 내려가는 중이었다. 이미 억수 비는 멈추었고 여우비가 배시시 웃음을 흘리고 있었다.

날아드는 소식이 갈수록 태산이었다. 사건 사고가 끝없이 올라왔다. 차들은 엎치락뒤치락 서로 어깨를 올라타고 물속에 잠겨 있고, 하천과 도로가 하나가 되었다. 동네 은행에는 쓸려온 나뭇가지와 컴퓨터와 온갖 잡동사니들이 둥둥 떠다녔고 도로에는 생필품들이 널브러졌다. 강은 범람 직전이라 했다.

옥상으로 올라갔다. 눈앞에 황하가 펼쳐져 있었다. 코스모스 군락이 통째로 사라졌고, 십리대숲은 퍼런 눈만 끔벅끔벅거렸다. 아, 나는 순간 무릎을 꿇었다. 천하태평으로 잤던 잠이 원망스러웠다. 밀려오는 죄책감에 눈물이 쏟아졌다. 세상이 수마에 당하는 동안 잠을 잤다는 사실만으로 나는 세상에서 소외된 듯했다. 떠들썩했을 하늘과 땅을 알아차리지 못한 채 혼자만 다녀온 피안이 너무나 죄송했다.

태풍이 물러간 후 여러 날 동안 사람들은 만나기만 하면 수해 이야기를 꺼냈다. 나는 슬며시 입을 다물고 눈길을 돌렸다. 하늘에서 터진 물탱크를 같이 바라보며 발을 동동거리지 못했다는 것에 몸 둘 바를 몰랐다.

평소 쌓인 일을 해결하려면 잠자는 시간을 줄이는 게 상책이었다. 나이 탓인지 잠을 줄이는 데에 지불할 대가가 예전 같지 않았다. 카페인은 달고 있어야 하며 시린 눈으로 견뎌야 했다. 멍한 정신과 머리를 계속 깨워가며 버티기란 여간 만만치 않았다. 그래서 틈만 나면 저축하듯 잠을 자두려 했다.

대개 일이 어려운 것보다 마음에 생긴 짐이 힘들다. 내려놓지 못한 근심을 잠의 수레에 올려 몽환의 세계에 부려놓고 오면 몸도 마음도 한결 가벼워진다. 걱정 중 대부분의 걱정은 하지 않아도 될 것이라는 연구결과가 있지 않나. 그러나 마음을 마음대로 할 수 없어 그걸 허락하지 않으니 걱정을 내려놓을 손쉬운 수단이 잠이다.

그렇다고 잠이 모든 사람에게 주어지는 선물은 아니다. 도저히 잠을 못 이루어 날밤을 새는 이들도 많다. 쪽잠은 오히려 더한 피곤을 몰고 온다. 가위에 눌리고 쫓기는 꿈이 따라붙으면 오히려 아니 잠만 못하기도 하다.

살아있는 것들은 잠을 잔다. 새들은 둥지에 깃들어 날개를 접고 물고기도 자릴 잡아 눈을 뜬 채 잔다. 꽃은 꽃잎을 오므리고 나무는 옆에 선 이웃과 깍지를 낀 채 조용히 잔다. 아기들은 잠을 자는 동안 몸이 자라고 노인들은 유순해지는가. 잠보다 더 큰 에너지 공급소가 없으며 인간의 감정 중 가장 최상위의 감정 '기쁨'의 근원지도 잠이다. 사람마다 수면양이 다르지만 자신에게 맞는 양을 충분히 섭취했을 때 세상의 퍼즐은 제대로 맞춰지고 삶의 톱니바퀴도 알맞게 맞물려진다. 인생에서 3분의 1을 잠으로 버린다고 아까워하며 기를 쓰고 잠과 투쟁벌일 이유가 무엇일까 싶다.

지난번 위 검사 결과가 좋지 않아 스트레스 받지 말라는 진단을 받았다. 처방은 충분한 수면도 포함되었다. 의사의 분명한 말대로 열심히 잠을 잤다. 만약 이번 검진 결과에 이상이 있다면 방금 있었던 일, 이삼 분간 수면에 빠지지 못한 스트레스 탓이리라. 내시경 중 받은 스트레스가 죽음을 방불케 했다며 아직도 눈물이 찔끔거리는데 내 이름 부르는 목소리가 들렸다.

"깨끗합니다."

역시 실컷 잤던 잠이 좋은 결과를 냈으리라. "너희가 일찍 일어나고 늦게 누우며 수고의 떡을 먹음이 헛되도다. 그러므로 하나님께서 그 사랑하시는 자에게 잠을 주시는도다" 잠은 신의 사랑을 받는 자가 누릴 수 있는 선물이다. 제 때 제 때 사용하지 않으면 공수표 되어버리고 마는 선물이기에 하룻밤도 그냥 날릴 수 없다. 지혜의 왕 솔로몬은 그가 사랑하는 포도원지기 술람미 여인을 위해 사람들에게 당부한다. "아무도 내 사랑하는 어여쁜 자를 흔들어 깨우지 말라"고.

요즘은 전에 없던 일이 가끔 일어난다. 얼마 전부터 잠이 오지 않는 날이 생겼다. 자정을 넘기기가 일쑤, 새벽이 되어도 오지 않는 잠을 찾아나서야 할 정도다. 잠에도 두 신이 있어 하나는 무한정 주려고 하고, 하나는 무지막지 뺏으려 안달복달인데 내가 맹신하며 따르던 신에게 뭔가 일이 생긴 모양이다. 따라서 내 몸에 신호가 온다. 눈 밑에 칙칙한 그림자가 생기고 정신의 반이 집을 나가 방황한다. 원하지 않던 말도 삼지창을 들고 튀어나가 아무 데나

찌른 후 다시 내 안으로 숨는다. 뒤척인 잠 때문에 수습할 일이 한두 가지가 아니다.

　천하장사도 제 눈꺼풀이 누르는 힘에는 이길 수 없다고 했는데, 내 약하디 약한 육신의 눈꺼풀은 왜 점점 가벼워지고 있는지, 무엇에 탈이 났을까. 침대에 걸터앉아 달력을 보니 어느새 비틀거리고 있는 내 몸이 보인다. 이럴수록 더욱 잘 자야하기에 양을 센다. 수백 마리를 세었는데도 눈이 말똥말똥하다. 오백 마리, 오백한 마리, 두 마리, 세 마리……. 드디어 양이 잠속에 스르르…….

여락餘樂

'지랄 총량의 법칙'이라는 말이 있다. 어느 대학 모 교수에게서 나온 학문적 발언이다. 사람이 일생을 살아가면서 그 시기가 언제든 '마구 법석을 떨며 분별없이 하는 행동'의 양이 정해져 있다는 말이다.

나는 요즘 한창 노는 것에 빠져있다. 한 사람이 일생 놀아야 할 총량이 있다면 내게는 지금이 그걸 채우고 있는 시간인가보다. 스스로 이 시간을 깨닫게 된 데는 이유가 있다. 그 어느 때보다 놀면 안 되는, 잠을 줄이고서라도 글을 써야 하는, 발등에 불이 떨어진 이때 하필 노는 재미가 찾아와 마냥 분별없이 노는 법석을 떨고 있다. 노는 것에 안달나긴 생애 처음이다.

   몇 달 전에 모임 하나가 결성되었다. 먼저 두 사람이 알고 있던 사이였고, 그 중 한 사람이 또 지인 한 사람을 불러들여 '여락餘樂'을 만들었다. 남은 즐거움을 뜻하는 여락은 말 그대로 남은 즐거움을 찾아 인생의 의미를 만들어가자는 취지를 지닌다. 무엇 하나 기준은 두어야 할 것 같아서 독서모임으로 했다.

   고작 셋인 여락 회원은 자타가 공인하는바 재능이 유별나지도 않다. 점잖지도 않지만 함부로 나대지도 않는 성향을 지녔다. 하는 일이 제각각이어서 시간 맞추기가 쉽지 않다. 함께 여행을 가기는커녕 정기모임을 두지 않고 상황과 마음이 허락될 때 식사 한 끼와 차 한 잔이 고작이다. 만나는 짧은 시간 동안 그날 읽었던 문구 하나, 혹은 시 한 편, 어떤 날엔 철학적 신학적 이야기로 가슴을 채우며 대개 제 안의 묵은 허물벗기를 한다. 유머의 가장 큰 도구인 진솔함을 내걸고 만나다보니 즐거움이 절로 피어난다. 사람이란 아무리 머리를 쓰고 굴려도 바늘귀 같은 허점이라도 있게 마련인데 그 허점과 실수가 얼마나 타인의 마음을 시원하게 하는지 모른다.

다산의 유세검정기遊洗劍停記가 떠오른다. 다산이 동무들과 어울려 놀다가 비 오는 세검정을 찾아가는 이야기이다. 풍광을 느끼고 즐길 줄 아는 다산과 친구들의 떠들썩한 놀이가 눈앞에 그려진다.

"세검정의 뛰어난 경치는 소나기가 쏟아질 때 폭포를 보는 것뿐이다."로 시작되는 이야기는 신해년 여름에 여러 사람이 모여 노는 중 구름이 일어나는 것을 보며 천둥소리를 듣는다. 폭우가 쏟아질 징조라며 사람들은 말을 타고 세검정으로 간다. 아니나 다를까 정자 밑에 이르니 물소리가 암코래 수코래가 물줄기를 뿜어내는 듯하다. 정자에 올라 비 내리는 모습을 한껏 즐기며 모두 이루 말할 수 없이 좋다고 말한다. 술과 안주와 익살스런 농담으로, 그리고 서로를 베고 누워 시를 읊조리며 즐기고 즐긴다.

노는 것에서 남은 즐거움을 찾는다는 건 큰 행운이다. 예전에 사람들이 모여 수다를 떨거나 찜질방에 하릴없이 머물며 웃고 떠들 때 나는 슬그머니 그곳을 벗어났다. 좀 더 알찬 속이 없을까 하며 일어섰다. 책을 보고 집안일을 하고 차라리 혼자 몽상하는 것이 뿌듯하고 행복했다. 여락을 안 후 사는 재미의 한 이유가 여기 있는 것을 나는 이제야 알았다.

호모 사피엔스에서 호모 루덴스로 나아간 인간은 창조나 철학이나 예술이 유희에서 온다고 한다. 과학의 발달도 놀이에서 온다. 4차 혁명은 호모 루덴스가 일으킨 혁명인가. 온갖 기기가 놀며 즐기기 위한 도구로 활용됨으로 생활은 그저 편리해지고 있다. 내가 놀이에 빠져든 것도 내 삶의 창조를 놀이에서 찾아내기 위함일까. 글을 쓰려 끙끙거려도 글이 오지 않고 일이 점점 힘에 부치는 것은 놀이의 기쁨을 제대로 누리지 못해서인가라는 생각이 든다.

사춘기 시절에 겪는 몸의 성장통과 감정의 난리법석처럼 인생의 허리점을 지나는 지금 나는 유희에 발광한다. 놀거리를 찾아가며 논다. 끊임없이 놀이를 찾아내는 호모 루덴스로 변화되어 간다.

인생은 원하는 대로 움직여주지 않는다. 이 시간을 잠시 보류해서 발등에 떨어진 불부터 끄는 게 우선이지만 운명처럼 마구 법석을 떨며 분별없이 놀고 있다. 그런 후면 오히려 더욱 일에 부지런을 떨게 되는 것도 아이러니하다.

지랄 총량의 법칙을 학문적으로 얘기한 교수는 지독하게 말 안 듣는 청소년을 두고 심히 걱정하는 부모들을 위로하기 위해 한 말이다. 호르몬의 반란을 잠재울 수 없는 사춘기나 사춘기 열 배 이상의 열병을 앓는다는 갱년기에 부린 치기가 난리법석의 총량을 채워주는 하나의 모습이라면 나에게 지금이 인생의 나머지 시간을 즐거움으로 누려가기 시작하는 가장 적절한 때인가 보다.

여락은 남은 즐거움을 누리는 것이니 즐거움의 총량에 시간을 지혜롭게 안배할 수 있다면 더욱 좋겠다. 한꺼번에 다 쏟아 붓는 대신 절제를 더한다면 즐거움의 맛이 더할 것이다.

내 여락의 분량이 얼마 만큼일까. 노는 재미를 몰라 일에 빠졌는지, 일에 빠져 노는 기쁨을 몰랐는지 모를 만큼 지금까지는 일의 즐거움으로 살았다면 이제는 시간의 여유를 찾아 남은 즐거움을 만끽하고 싶다.

쏜살같이 날아가는 세월을 여락의 과녁에 맞추어본다. 여락餘樂 위에 여락與樂을 하며 활시위를 당긴다.

그놈

스무 살 무렵, 이모집에 살 때였다. 이모부가 돌아가시고 나는 이모와 같은 방을 썼다. 그런데 이모가 얼마 못가 그놈을 불러들였다. 그놈과 함께 하는 시간이 날로 늘어났다. 깊은 밤이나 새벽에도 이모는 잠이 깨면 그놈부터 찾았다. 아니 그놈을 곁에 두고도 견딜 수 없어 잠을 못 이루는 듯했다. 이모가 이모부를 잃은 슬픔을 그놈이 대신 풀어주었다. 슬픔을 하소연하며 눈물 지으며 그놈을 빨아댔다. 이모는 그놈을 죽도록 사랑해서 끼고 있으면서도 슬픈 표정을 지었다. 나는 이모에게 어떤 말도 할 수 없었다. 나의 위로보다 그놈이 이모에겐 더 큰 위로였다.

이모는 몰랐겠지만 그놈이 내 쪽을 자꾸만 기웃거렸다. 나를 내놓지 않으려고 눈을 꼭 감고 코를 감싸 쥐었다. 이불을 뒤집어쓰기도 했다. 한겨울 바깥은 맹추위였는데 손바닥만 한 방안은 그놈이 장악해 지옥이 따로 없었다. 괴물 같은 그놈이 나를 엄습하지 못하도록 숨을 한참이나 참았다가 얼른 내쉬었다가 다시 참기를 반복했다. 나는 닫힌 방문의 틈새를 향해 모로 누웠다. 이렇게 잡혀 있다가는 질식할 것 같아 내 영혼만은 살리려 바깥을 기웃거렸다. 이모는 새벽에 일어나 아침이 밝도록 그놈을 연거푸 빨아대다 아침밥을 지으러 나갈 때 겨우 밀쳐놓았다. 나는 이모가 부엌으로 나간 사이 방문을 열어젖히고 이불을 털며 그놈의 흔적을 지우려 했다.

이모가 끼니마다 새 밥을 지어 진수성찬을 차려주었지만 그놈을 달고 사는 이상 나는 이모 옆에 가고 싶지 않았다. 공포의 그놈을 이모가 너무나 사랑해서였다. 이모집 생활은 그놈 때문에 즐겁기보다 괴로웠다. 저녁이 되어 방문이 닫히면 공포의 감옥으로 다시 들어갔고 숙면을 해본 적이 없었다.

이모집을 떠나 수십 년이 흐르는 동안 그놈을 잊을만하면 만났다. 주로 구석진 골목에서 젊은 아가씨들을 희롱하거나 대낮에 혈기 넘치는 중고등학생들에게 달라붙어 가기도 했다. "저, 저, 미친……." 이라 했다가 나는 말끝을 흐리며 고갤 숙여야 했다. 그놈과 함께 하는 아가씨들도 학생들도 무서웠다.

그놈이 우리 아파트에 나타났다. 우리 집 현관 앞을 어슬렁거리기 시작했다. 발자국 소리가 없다. 목소리도 없고 숨소리조차 없이 맴돈다. 주야 교대근무를 하는지 하루 걸러 하루는 반드시 대여섯 번 넘게 복도를 지나다닌다. 복도를 빠져나가는 그 잠깐도 참지 못하고 내 숨통을 조여 온다. 공포가 되살아난다. 전생이 있었다면 이런 최악의 관계는 다시 없었을 것이다. 아마 이생에서 내가 지은 모든 죗값을 그놈을 통해 갚고 있는 듯하다.

그놈이 복도를 빠져나가서는 하필이면 내가 사시사철 오가며 눈 맞추는 목련나무 아래 자리를 잡는다. 목련나무 둥치를 휘감아 오르기 시작하면 잎들은 캑캑거리며 손바닥을 휘젓는다. 봄이면 새하얀 목련 잎이 그놈 때문에 자지러지는 것 같다.

그놈이 가끔 자리를 바꾸기도 한다. 뒷산에서 날아온

솔방울이 고이 터를 잡아 바늘잎을 더해가는 화단 옆에서 스멀거린다. 때론 구름 아래를 서성이고 바람 부는 날엔 아예 바람을 타고 기승을 부린다. 비 오는 날이면 제 집 들 듯 구석구석 스며든다. 손발도 없고 소리도 없는데 어디든지 후벼 파는 그 놈을 감당할 힘이 없다.

그놈은 불감증을 앓고 있다. 사람이 지나가도 보지 못한다. 오만상을 찌푸리고 지나가는 사람의 기분을 느끼지도 못한다. 제 속에 무엇이 들었는지 알지 못하고 한 오라기라도 더 독기를 뿜어낼 뿐이다. 뚫린 구멍이나 벌어진 틈만 있으면 사람들의 불평불만을 무시한 채 새어들어 횡포와 폭력을 휘두른다.

그놈 때문에 고통 받는 이가 나뿐만 아니다. 주민들의 호소가 자자하다. 엘리베이터와 게시판에 그놈이 물러가라는 글귀가 붙었다. 상대하고 싶지 않아 간접적으로 간청하는 주민들의 마음을 그놈이 알까. 알았다 해도 쉽게 사라져 줄 존재가 아니다. 그놈은 수배자다. 현상금이 붙어도 쉽게 잡을 수 없는 신출귀몰형 그놈을 어떻게 현장수배를 하고 이후 어떤 조치를 내린단 말인가. 두들겨 잡아서 패대기를 치고 싶지만 그놈 쪽엔 얼씬거리고 싶지도 않으니, 오히려 그놈이 뜨기만 해도 내 쪽에서 줄행랑을 친다.

새벽이나 이른 아침에 그놈과 부딪치면 화가 머리끝까지 치닫는다. 맑은 공기 속에 숨어서 현관문을 침입해 오면 햇볕 때문에 총을 당긴 메르소가 백분 이해된다.

그놈 속에는 외로움과 슬픔과 고독과 어둠이 산다. 그놈이 우리 집 주변을 에워싸면 몸을 넘어 내 영혼까지 캑캑 마른기침을 내지르고 그놈의 독毒에 소금 친 미꾸라지가 되고 만다. 그놈이 사라지든 내가 사라지든 둘 중 하나는 사라져야 끝나는 전쟁이다.

그놈은 스무 개가 넘는 이름을 가지고 있다. 심플, 던힐, 디스, 88디럭스, 88라이트, 88골드, 88멘솔, 겟투, 더원, 던힐 탑 리프, 도라지연, 디스 진, 디스 플러스, 디제이 믹스, 라일락, 라크, 랜더스, 럭키 스트라이크, 레종, 루멘, 리치, 마운트, 말보로, 마일세븐 슈퍼라이트, 마일세븐 슬림라이트, 타임, 시슨, 레종.

독하고 독한 그놈을 가뭇없이 사라지도록 퇴치하자는 공익광고라도 쉬지 않았으면 좋겠다.

선線

바다를 끼고 장사長沙**해수욕장까지 올랐다.**
미루나무처럼 키가 삐죽한 남자와 들풀 같이 키가 낮은 여자가 장난을 치고 있었다. 도무지 눈높이를 맞출 수 없는, 어울리지 않아 보이는 연인들이었다. 그들은 손을 잡고 파도가 멈춰서는 곳까지 뛰어가 발을 까딱거리다가 다시 파도가 달려오면 부리나케 뒷걸음질치는 장난을 하고 있었다.

그 모습이 하도 재미있어 보여 나도 바다 쪽으로 들어갔다. 파도가 기다렸다는 듯 몰려왔다. 나는 이 순간을 놓치지 않고 얼른 뒤돌아서서 모래톱으로 뛰었다. 눈에 보이지 않는 파도의 경계선을 어림잡지 못해 넘었다가 다시 후퇴하는 놀이를 반복했다.

파도는 아무리 거세어도 정해진 선을 넘지 않는다. 어쩌다 하늘에서 내린 태풍의 특명이 아니면 경계선을 넘지 않는 것을 당연히 여긴다. 사람은 그렇지 못하다. 사람과의 관계에서 선을 지켜야하는 것은 두말할 나위 없다. 일이란 수위를 넘어서도 처리하면 되지만 선을 넘은 인간관계는 되돌리기가 만만치 않다.

그녀와 함께 바다로 바람을 쐬러 나왔다. 일전에 나는 그녀를 향해 독기를 뿜어냈다가 손발이 닳도록 빌었던 적이 있다. 아무리 생각해보아도 내 말이 틀린 것이 아니었다. 어쩌면 그녀가 생각하기에도 내 말이 너무나 적중했기에 그토록 힘들어 했을지도 모르겠다는 생각이 시간이 지나고 나서야 들었다. 문제는 표현이었다. 선을 넘어선 말, 파도가 경계선을 놓치고 해안 넘어 어촌 집을 덮쳐버리듯 했던 말 때문이었다. 그녀는 두고두고 나를 되씹으며 힘들어 했다. 어쩌면 그녀를 향해 그어놓은 선이 너무나 낮았던 지도 몰랐다. 나로서는 대수롭지 않은 선이 그녀에게는 걸림돌이 되었나 보다.

무엇보다 말의 선이란 가늠하기가 쉽지 않다. 허공에 걸린 고무줄 같아 훌쩍 뛰어넘을 수 있겠다 싶은데도 걸려서 넘어진다. 상한 마음을 회복하기가 어렵다. 그 상처가 평생 갈 수도 있다. 말의 선을 명확하게 표현할 줄 아는 것도 이해할 줄 아는 것도, 느끼고 깨달을 줄 아는 것도 대단한 능력이다. 남에게 선이 걸리지 않도록 배려하는 능력이란 더욱 대단한 기술이다.

사랑하는 사람으로부터 "선은 넘지 않았다"는 말을 들은 적이 있다. '선은'에서 조사 '은'에 걸려 오래도록 의심이 풀리지 않았다. 그 사람이 선은 넘지 않았다고 말한 상대가 나의 연적이었기에 견딜 수가 없었다. 선은 넘지 않았지만 넘기 전의 모든 행동은 다 저질렀다는 말로 들렸다. 나는 선을 넘기 전의 상황과 모습을 떠올리게 되었고, 그 사람에게 가졌던 실망과 배신을 오래도록 지울 수가 없었다. 눈으로 확인하지 못한 일이지만 민감한 언어의 보이지 않는 선이 내 가슴 한복판에 진을 쳤고, 올무가 되어 당연히 나와의 관계는 끝이 나고 말았다. 말의 한 음절이 지닌 뜻의 선을 지우기가 그토록 힘든 일인 줄 몰랐다.

내가 바다에 나가보자고 그녀에게 보챘던 것은 어떻든

마음을 풀어주고 싶어서였다. 그녀가 순순히 바다로 나온 것처럼 사실 나는 그녀가 바다 같다고 생각했다. 무슨 말이든 받아주고 이해할 줄 알았다. 바다를 잘 몰라서 겁이 없었다면 변명일까. 내가 알던 바다의 세계는 마냥 넓어서 하염없이 품어주는 바다였다. 자신을 상하지 않게 하기 위해 소금을 머금었다고 생각지 못했다. 겨울엔 뼛속을 찔러오는 칼날 같은 냉정함과 차가움을 지닌 걸 몰랐다. 파도와 장난을 치다 발이 빠지고 나서야 비로소 알게 되었다. 눈에 보이지 않는 선, 아무리 세찬 바람에도 함부로 뛰어넘지 않는 선, 딱 거기까지만 닿았다가 다시 물러서는 바다의 질서 앞에서 나는 가끔 나도 모르게 선을 뛰어넘고 있었던 것이다.

평소 자주 나서는 산책길에 팽나무 한 그루가 있다. 이 팽나무 너머는 더 이상 걷지 않겠다며 되돌아오곤 하는 경계선으로 삼았다. 한 발짝 한 발짝만 더 내딛다보면 어느새 팽나무를 훨씬 지나쳐 있었다. 걸음은 가속이 붙어 하염없이 내딛었다. 생각에 빠진 날은 다시 되돌아오기 힘들 만큼 먼 거리에 가 있었다.

스스로 정한 경계선 팽나무 앞에 서면 나는 내 삶의 경계선을 생각하곤 했다. 내 것 아닌 것, 지켜야 할 법과 질서, 사람에 대해 넘어서지 말아야 할 말과 태도, 심지어 상황에 따라 바뀌어야 할 생각과 행동에도 욕심의 선을 넘지 말자고 다짐했다.

팽나무는 멀리서 볼 땐 한 그루 나무에 불과했지만 경계선으로 삼고 보니 가까이 다가설수록 그 보이지 않는 힘이 삼엄했다. 내 삶의 경계선도 이토록 엄한 것이어서 나를 방종하지 않게 만들어 주면 좋겠다고 생각했다.

해안을 따라 오른다. 수천 마리 갈매기들이 모두 바다로 향하고 있었다. 거대한 침묵으로 생각에만 잠긴 새들을 향해 파도는 느릿느릿 걸어오기도 하다가 가끔은 너울처럼 달려들었다. 그러나 새들의 발목을 낚아채지는 못했다. 정해진 선, 보이지 않는 선, 더 이상 넘어오지 못하는 그 지점에서 파도는 다시 뒷걸음질을 쳤다. 달의 명령 없이는 파도가 경계선을 뛰어넘지 않는다는 것을 알기에 새들은 날개를 접은 채 마음을 한없이 부려놓고 있는 모양이었다.

제 3 부
불이정不離亭을 놓치다

백색소음

불이정을 놓치다

세공의 칼

맛글

기차가 지나간다

끈

손길

그와 내가 예전에 삶에 대해 치열하게 공방전을 벌이거나, 정답을 찾지 못하는 소용없는 논쟁에 괜히 억울했던 한때가 불이(不離)의 시간일까. 그가 얻은 사랑을 묵묵히 지켜봐주는 것도 그와 나의 불이(不離)에 속했던 것일까. 십년만의 해후로 박제되어 기던 시간을 풀어본 지금이 그것일까. 아니 불이(不離)란 없다는 것을 안다. 인간의 한정된 기억과 제한된 생명이 한계선에 닿는 그날에야 비로소 불이정(不離亭)에 들게 되리라는 것을 알면서도 꿈을 꾼다.   - '불이정을 놓치다'

백색소음

　책상 위에 책들과 고정할 원고를 쌓아놓고 오분 십 분을 앉아있기가 힘이 든다. 하릴없이 빈 방의 문을 기웃거려보고 냉장고문을 열었다 닫았다 한다. 빨래는 잘 마르고 있는지 건조대를 건드리기도 하고 어제 물을 준 화분에 또 물을 주다 멈칫한다.

　창밖으로 눈길을 내민다. 하늘을 올려다본다. 폴 사르트르는 구름을 움직이는 건축물이라고 했다. 시인의 눈을 빌어 흩어져 있는 구름 조각을 끌어다가 생각의 직소퍼즐을 맞추어 본다. 집 한 채 완성하지 못하고 그만 바람에게

뺏긴다.

　식구들이 빠져나간 집만큼 나에겐 집중 잘 되는 공간이 없다. 그런데 나이 탓인지 요즘은 다른 물리적 힘을 좀 빌려와야 일이 된다. 집 인근에 있는 들꽃학습원으로 나가서 꽃이 피고 지는 소리를 들으며 마음의 실타래를 푼다. 방어진 바닷가에 앉아 낮은 해조음과 모래밭을 찍고 가는 새의 발자국 소리를 들으며 피로를 풀기도 한다. 가까운 강변에서는 쿨럭이는 물소리, 물속으로 내려오는 산 그림자 소리를 듣고서야 흩어진 생각이 정리되어 다시 일 가운데로 돌아온다.

　가방을 싼다. 책과 원고와 노트북을 쑤셔 넣는다. 덤으로 시집도 한 권 들인다. 오늘은 마음 밭 한 자락 정리할 처지가 아니다. 바다로 산으로 갈 여유가 없다. '울산예술' 원고를 넘길 시간이 지났다.

　출판사에서 바리바리 전화가 온다. 카페를 찾는다. 정적 상태보다 소음이 있는 장소에서 집중력이 올라간다는 말을 들었다. 바람소리 빗소리 같은 자연의 소리처럼 카페 스피커에서 흘러나오는 음악과 사람들 대화 소리가 뇌를 살짝 긴장하게 만들어 일에 대한 능률을 높인다고 한다. 이 시끄러운 소리를 일러 백색소음이라 한다.

소음 앞에 '백白' 자가 붙어 '하얀 시끄러움!' 흰 색은 역시 순화능력이 있다. 부드럽고 온화하게 만들어 생산력을 드높이다니, 그것도 소음 앞에 붙어서 말이다. 목적성 경청이나 청취가 아니라 '자연스런 듣기'가 심신을 안정시켜 일의 성취도를 높여주는 이 착한 소리, 백색소음의 힘을 의지하려 한다.

새로 생긴 카페라 그런지 사람이 많다. 커피 한 잔 홀짝이며 십여 분쯤 지나자 소리의 날것들이 귀에 익어간다. 백색소음이 부채질을 한다. 원고가 넘어가기 시작한다. 시간이 얼마쯤 흘렀을까.

잠깐 고개를 든다. 나는 소리를 찾아 왔다. 나를 집중시킨 착한 소리를 더듬어 눈을 감는다. 스피커에서 요한 슈트라우스의 '푸른 도나우강'이 흐르고 빈자리 없이 빽빽해진 사람들 숲에서는 수런거림이 떠다닌다. 카페 창밖으로 눈을 떠본다. 하늘엔 움직이는 건축물, 강물엔 한낮의 윤슬이 유혹을 한다. 다시 눈을 감는다. 바로 옆자리에 앉은 앳된 청춘남녀의 말이 들려온다. "난 네가 내 맘 좀 알아주면 좋겠어." "나도 네가 나만 바라봐주면 좋겠어." 이런 말은 언젠가 내가 했던 말이고, 들었던 말이기도 하다. 사랑을 하는 사람에겐 평범한 언어이다. 바닷가에 가면 파도가 있고, 산에 가면 나뭇잎이 수런거리는 것처럼 말이다. 어쩌면 너무나 고요해진 나의 집이 일상의 소리를 잃어버렸는지도 모르겠다는 생각이 든다.

눈을 뜬다. 귀가 열리듯 닫히듯 하며 원고 페이지 절반이 넘어간다. 분기별로 일어난 예술행사를 알리는 기사내용을 교정함으로 독자에게 정확한 맞춤법과 편한 문장의 백색소음을 넣어주는 것이 나의 일이다.

주변에서 들려오는 수많은 사람의 말소리에도 '백白'이 달렸으면 좋겠다. 뾰족뾰족한 말에도 언제나 겸손과 배려의 데시벨이 담긴 백기를 걸 수만 있다면 우리가 하는 일의 능률은 절로 올라갈 텐데 싶다.

불이정不離亭을 놓치다

버스가 고속으로 달려왔다. 동쪽과 서쪽의 거리가 아무것도 아니라는 듯 눈 한번 붙이고 나니 광주다. 오히려 광주에 들어서자 버스가 지체한다. 창밖으로 보이는 차들의 교차가 주방장이 반죽덩어리를 돌리고 늘이기를 반복하듯 한다.

플랫폼에 그가 서 있다. 십 년만의 해후다. 감탄의 인사말 대신 박제될 뻔했던 세월을 흔들어 깨우듯 서로 손을 잡고 흔든다.

우렁이된장이 나오는 쌈밥집. "야채를 좋아해서 이리

로 왔어요." 그는 내가 야채를 좋아하는 것을 기억했다. 벌레 지나간 자국이 남은 푸짐한 쌈 이파리가 정겨운데 우렁이와 메주콩이 범벅된 강된장은 낯설다. 이 지방 음식이니 먹어보라는 말에 뚝배기에 수저를 가져간다. 쌈은 볼이 미어터지도록 싸야 제 맛이 난다며 내가 먼저 입을 쩍 벌리고 쌈을 밀어 넣는다.

밥을 먹었는데도 멋쩍음이 돈다. 어디로 가볼까 망설이다 차를 몰아 간 곳은 담양 죽녹원竹綠園이다. 죽림으로 사람들에게 청량감을 주는 곳이라고 소개되어 있다. 한여름 등짝을 타고 흐르는 땀을 식히기에도 대숲이 그만이다 싶다. 한때 그가 품었던 삶에 대한 절개를 죽림에서 다시 볼 것 같은 예감이 스민다.

후문으로 들어서자 배롱나무 타는 가슴이 붉다 못해 검푸르다. 어느 언저리에 핀 마타리가 샛노란 그리움으로 피어오른다. 죽림이라 하여 대나무만 있는 것은 아니다. 느티나무도 버드나무도 언뜻언뜻 숨어있다.

죽녹원에 난 8길 가운데 '철학자의 길'을 오른다. 일찍 울음을 그친 매미 한 마리가 마지막 허물을 벗어놓고 팔월 염천 속으로 사라졌다. 그가 허물을 주워 나뭇가지에 걸어주며 "지난 십 년을 매미처럼 산 거 같아요." 물기 어린 고백을 한다. 그리고는 철학자의 눈빛이 되어 "인생에도 마디가 있는데 지금 또 하나의 마디가 시작되는 첫날 같아요." 하는 것이다. 햇볕이 장대를 내리꽂는 죽림길에서 우리는 시간의 궤적을 더듬어 오른다.

십여 년도 더 전에 그는 20대 청년이었다. 나는 서른 중반을 넘어가고 있었다. 한창 글에 미쳐 있을 때였고, 그는 독서에 미쳐 있었다. 작가와 독자로 알게 되어 글에 대한 이야기로 메일을 주고받았다. 그러다 삶에 대해, 인생에 대해, 사랑에 대해 마음을 나누기도 했다.

그는 돈과 권력과 명예를 가진 사람들이 세상을 지배하며 살아가는 모습에 관심이 많았다. 대학에서 정치외교를 공부한 그는 그 부류에 속하지 않으려 했다. 그는 피아노 음악에 빠져있었고, 밤을 새워가며 명작들을 읽어냈다. 오감을 열어 바람과 구름과 산과 바다를 마주하는 그는 왠지 변방으로 멀어지는 듯했다. 그러다 다시 세상의 중심과 머리에 있는 것을 찾아 나서길 했다. 그러다가도 그런 것은 쉬이 일어났다 쉬이 스러져 곧 가뭇없어진다고 말해 나를 놀라게 했다.

그는 몸이 불편하여 경제적 역할을 할 수 없는 아버지에 대해 마음이 무거웠다. 떨칠 수 없는 가난이 주는 서러

움보다 가진 자들의 부조리에 몸서리를 쳤다. 하루하루 버텨나가는 삶이 아니라 이겨나가는 삶을 살기 위해 몸부림치기 시작했다. 사람답게 사는 것이 무엇인가 고민에 빠져 책을 파고 들며 부담스러울 만큼 말을 걸어왔다. 나는 그를 해갈시켜줄 지식이나 지혜를 갖지 못했기에 그저 들어주고 내 깜냥으로 마주할 뿐이었다. 그가 안정된 직장을 가져 현실을 평범하게 잘 살아갔으면 좋겠다고 말했다가 심한 투정을 받기도 했다. 나로서는 그의 이상과 꿈이 때론 혼란스러웠다. 그렇게 서로 생각이 멀어 새침해질 때가 많았지만 어김없이 어린 그가 먼저 손을 내밀어왔다.

직장을 잡은 후로 그는 일부러 섬으로만 돌며 일하길 원했고 그대로 되었다. 나는 그가 기회만 되면 다양한 문화를 누릴 수 있는 도시에서 일하길 바랐기에 한적하고 고독하리라 싶은 그의 섬 생활이 안타까웠다.

그는 서쪽에서 나는 동쪽에서 자기 일에 빠져 사느라 수년간 연락이 끊어졌다. 그러다 다시 이어지는가 싶으면 금세 또 멀어졌다. 그리고 한참 후 결혼소식을 듣는 순간 나에게 한 줌 재가 남은 듯한 느낌은 무엇이었을까. 재가 바람에 날리지 않도록 잘 묻어두면 언젠가 숨어있던 불씨 하나가 살아날까. 아니면 그냥 싸늘해져갈까. 생각도 잠시, 또 얼마 후 그는 아이가 생겼다며 기뻐했다. 삶은 자신이 고민하고 생각했던 대로 평범한 일상과 그 일상의 부대낌 속에 깃들어 있더라고 간간히 소식을 부쳐왔다. 그리고 그 삶에 절개를 지키며 사는 것이 진정한 삶이라는 메시지를 보내오곤 했다.

'철학자의 길'에서 옛 이야기에 빠져 걷다보니 '사랑이 변치 않는 길'과의 갈래점에 선다. '불이정不離亭'이라고 표시된 이정표가 보인다. 그 곳에 함께 오르는 사람과는 이별하지 않는다는 뜻을 지닌 정자이다. 그도 나도 "좋아!"라며 눈짓을 주고받는다. 한참을 걸었다 싶은데 불이정이 보이지 않는다. 행인에게 물어보니 그곳을 놓친 듯하다. 알 수 없는 샛길로 접어든 모양이다. 어찌 돌아서 내려오는 길에는 이정표조차 보이지 않는다.

그와 내가 예전에 삶에 대해 치열하게 공방전을 벌이거나, 정답을 찾지 못하는 소용없는 논쟁에 괜히 억울했던 한때가 불이不離의 시간일까. 그가 얻은 사랑을 묵묵히 지켜봐주는 것도 그와 나의 불이不離에 속했던 것일까. 십년만의 해후로 박제되어가던 시간을 풀어본 지금이 그것일까. 아니 불이不離란 없다는 것을 안다. 인간의 한정된 기억과 제한된 생명이 한계선에 닿는 그날에야 비로소 불이정不離亭에 들게 되리라는 것을 알면서도 꿈을 꾼다.

여름 오후가 길지만은 않다. 그는 다시 서쪽으로, 나는 다시 동쪽으로 떠날 시간이다. 노을빛이 어리는가 싶더니 금방 스러진다. 이별의 악수 같은 건 남기지 않고 돌아선다. 길이 멀게 느껴진다. 차창에 떠오르는 낯익은 얼굴 위로 만나지 못한 불이정不離亭을 끄적인다.

세공의 칼

 그러니까 삶에 대한 걸음마가 막 시작된 나이라고나 할까. 가을 대운동회 날 엉거주춤 달리기 출발선에 섰는데 하얀 장갑을 낀 선생님이 갑자기 하늘을 향해 총을 겨누었다. 나는 가슴이 벌렁거리며 숨이 멎을 듯했다. 그때 선생님의 치켜든 팔끝 총부리에서 '땅!' 하는 소리와 함께 연기가 피시식 피어오르는 것이 보였다. 그제야 냅다 뛰기 시작했다. 꼴등. 그날 밤 끙끙 앓으며 잠을 잤고, 다음날 아침 베갯맡엔 코피가 낭자했다.

 고무줄넘기도 깨금발 뛰기도 아이들과 늘 반대편으로

돌아서서 했다. 조금만 슬퍼도 통곡하고, 조금만 우스워도 배꼽이 빠져라 웃어대다 혼절까지 했으니 주변 사람들을 놀라게 할 때가 많았다.

잘하는 일이란 설거지할 때 그릇 깨기, 지렁이 보고 자지러지게 비명 지르기, 비 오는 날 유리창에 붙어 서서 마당에 달라붙는 나뭇잎 쳐다보기, 고아원에 살던 친구들 찾아다니며 지우개 빌려주기, 석양이 지는 다리에 멍하니 서 있기, 용돈 쓸 데가 없어 동생들에게 나눠주기, 그럼에도 좋고 싫음이 분명해 여과 없이 솔직하게 감정 표현하기 쯤이었다. 이런 내가 풍진 세상을 살아내기 위해 할 수 있는 일이란 무엇이었을까.

어리바리, 경쟁에서 꼴등, 남다른 성향, 실수투성이였지만 존재를 알리고 싶었던 것은 본능이었을까. 그 통로가 20대 끝자락에 찾아온 '글쓰기'였다. 무엇이든 무조건 쓰는 재미가 쏠쏠했다. 수박 겉핥기에서 시작된 글쓰기가 좀 더 내면으로 들어가기 시작했다. 그러다 속 깊은 곳을 돌고 돌아 바깥으로 기어 나오기도 했다. 그러면서 나는 곧 타인이며, 타인은 곧 나라는 것을, 나와 타인이 글로 만나면 하나가 될 수 있다는 것을 알게 되었다. 사람은 모두 외딴 섬이면서도 모두 어우러져 있다는 것을 알았다. 그것은 대화나 같은 취미활동으로도 가능하지만 나에겐 그 소통의 길이 글쓰기 밖에 없는 것 같았다. 그래서 이 수필의 품을 파고 들면 살아있는 것 같았다.

침묵이 금이라면 글쓰기는 다이아몬드이다. 다이아몬드는 원석이 금값에 비교도 안 되게 싸다고 한다. 다만 다이아몬드를 절단하는 칼과 기술의 값이 어마어마하기에 가장 값비싼 보석이 된다는 것이다. 글쓰기는 누구나 할 수 있다. 좋은 글은 퇴고의 칼과 기술의 차이라고 생각한다. 수필을 문학범주에 쳐주지도 않는다는 소리를 종종 듣는다. 그것은 수필을 쓰는 내가 칼과 기술을 연마하지 않았기 때문일 수도 있겠고, 아니면 타 장르의 작가들이 수필가들만이 지닌 고유한 문학적 칼과 기술을 바라보는 눈이 부족한 것일 수도 있을 것이다.

수필은 아무나 쓰는 글이니 천대받는 문학이라고들 하는 소리도 가끔 듣지만 전혀 기분 나쁘지 않다. 수필가의 눈에는 시 아닌 시들, 소설 아닌 소설들도 보이기 때문이다. 그것은 내게 그 글들을 볼 줄 아는 눈이 없거나 아니면 그들에게도 값비싼 다이아몬드를 만들기 위한 칼과 기술의 부족함이 있기 때문일 것이다.

"문학이 무엇이라고 생각하는가?"라고 묻는다면 나는

어김없이 '아름다움'이라고 말하고 싶다. 문학은 예술이니까 문장이 지닌 깊음이나 아름다움이 느껴지지 않는다면 그것은 그냥 글이라고 말하고 싶다. 그냥 글을 통해서도 얼마든지 감동 받을 수 있다. 그러나 그것은 향기 없는 꽃 같다. 모름지기 볼품없이 무뚝뚝한 꽃이라도 향기를 발할 때 진정 꽃이라고 생각한다.

누가 알아달라고 쓰는 것이 아니다. 내가 선 이곳에서 이름을 내기 위하여 쓰는 것도 아니다. 문장이 다가와서 눈물 글썽이는 눈망울로, 웃음 가득 머금은 입술로 나를 바라볼 때 쓰지 않을 수 없다. 부족한 어휘력과 어눌한 문장이지만 최선을 다하여 향기를 담고 싶다. 그럴 때마다 힘이 나고 삶에 대한 애착이 더 뜨거워진다. 그래서 '수필'에게 늘 감사하다. 질서정연하게 아름답게 쓰지 못하고 마구 흘려버리듯 하여도, 어떻게 품어주고 쓰다듬어줘야 할지 늘 헤매어도 나는 이제 수필을 보내드릴 수 없다. 죄송하다. 삶에도 문학에도 더 집중하지 못하고, 더 정성 들이지 못하고, 더 사랑하지 못하고, 늘 어리바리 살아가지만 나도 문학도 서로 이미 떠날 수 없는 관계를 가졌다는 믿음이 있는 것이다.

지천명을 앞둔 지금도 늘 첫 운동회 날을 살고 있는 것만 같다. 아직도 도무지 삶을 어떻게 살아내고 어떻게 달려 나가야 하는지 잘 모르겠다. 다만, 이제는 총성이 울리면 벌렁거리는 가슴을 얼른 추슬러 냅다 뛰어야한다는 것은 알겠다. 그리고 남은 시간 최선을 다해야 한다는 것도. 뛰는 순간 한 오라기의 향기라도 빚어 올리고 싶다. 수필은 그런 내 부족한 삶의 원석을 다듬어내는 보석공의 칼이다.

맛글

딸과 함께 명태 요리집 '맛태'에 들렀다. 명태는 비린내가 덜하고 담백한 맛으로 일품이다. 북어나 황태를 물에 불려 양념장을 바른 구이가 입에 착착 감기는가 하면 간장에 졸인 달짝지근한 코다리 조림도 그만이다. 무를 숨벙숨벙 뻐져 넣은 시원한 탕도 속을 풀기에 안성맞춤이다. 어쩌면 그 무엇보다 어릴 적 가장 많이 맛 본 생선이라 내 안에 최고의 어물로 자리 잡은지도 모른다.

막상 자신 있게 할 줄 아는 명태요리는 없다. 간단한 전이나 북어국 정도가 전부다. 그러니 여기저기 명태를 취

급하는 식당을 찾아다니며 먹고선 맛을 평하며 요리법을 논하다 입을 닦으며 씩 일어나곤 한다.

식당이 와자하다. 한 뼘 떨어진 옆 테이블에서 하는 이야기가 들린다. 독서에 관한 내용이다.

"이번에 '이상 문학상' 받은 거 읽어봤어?"

이상 문학상이 어떻고, 소설과 시가 어떻고, 에세이는 어떻고 한다. 그러다 작가에 대한 이야기도 주고받는다. 명태찜 만큼이나 솔깃하고 맛있는 이야기다.

"수필은 쉽잖아, 굳이 서점에서 살 필요까진 없고."

명태 대가리를 찢다가 젓가락을 날릴 뻔했다. 쉽지 않다. 수필을 쓰는 것도 명태 대가리 뼈를 바르는 것도 쉬운 것은 없다. 어렵지만 해야 하는 일도, 하고 싶은 일도 있다. 수필을 쓰지 않아도 누가 나무라지 않고, 명태 대가리를 통째 내버려도 누가 아무 말도 하지 않는다. 하지만 나는 수필을 쓰고 싶고, 명태 대가리 뼈를 바르고 싶다.

"야, 그런 책은 고물상에 팔아버려."

명태 눈깔인가. 물컹한 눈깔이 입안에서 툭 터지는 줄 알고 "퉤퉤" 뱉어낸다. 입가에 묻은 양념장을 닦으며 곁눈질을 한다. 이들이 고물상에 판 책을 어쩌면 헌 책방에서 만날 수도 있겠다. 어떤 작품은 헌 책방에서 권 당 백만

원 가까이 되는 가격으로 매매된다는 말을 들은 적이 있다. 내 책도 그럴 수만 있다면 팔려가는 일이 나쁘진 않겠다. 상 위에 뱉어진 눈깔을 보며 어떻게 이 혐오스런 것이 내 입에 들어올 수 있었을까 싶다. 섬뜩하다. 나도 모르게 차임벨을 누른다. "사리 하나 추가요."

"아무리 읽어도 이해가 안 되는 것은 도대체 뭐야?"

이번에는 지느러미가 이 사이에 낀다. 공교롭게도 가시가 목에 걸린다. 이런 날이 없었는데 괜히 앞에 앉은 딸에게 좀 맛있게 먹으라고 한다.

"엄마, 난 스테이크 먹고 싶었는데. 명태는 너무 흔해."

딸이 눈을 흘긴다. 지느러미와 가시를 구분해 떼내느라 코가 접시에 닿을 듯 머리를 바짝 숙인 나에게 물수건을 건네며 말한다.

"엄마에게 이런 날이 올 줄 몰랐어."

"눈이 침침해서 그렇지 뭘."

귀가 다른 데로 가 있으니 말이 제대로 나오지 않는다.

나는 어느새 옆 테이블에 함께 앉아있는 것 같다. 한 사람이 명태꼬리 부분을 한입에 쏙 넣더니 뼈만 달랑 빼낸다.

"수필이 젤 쉽지. 그냥 일상이잖아."

빙빙 돌리는 젓가락에서 라면사리가 기름에 튀긴 핫도그처럼 부풀어 오른다. 풀어서 다시 감을까 하다가 그냥 입속에 넣는다. 보나마나 입가엔 양념장 칠갑이 되었을 것이다. 젓가락질이 서투른 딸이 명태 살을 엉망진창으로 발라 놓는다. 딸도 옆자리에서 들려오는 말을 듣고 있는 눈치다.

"그래도 진짜 좋은 수필은 정신이 아찔해지더라."

나는 정신이 아찔해진다. 수필은 웃으며 들어왔다가 울어도 못 나가는 장르라고 자칭한다. 쉽게 접근할 수 있지만 쓸수록 어려운 게 수필인데, 그 어려움이라는 게 자신을 드러내는 것에 있다. 수필기법과 문장은 습작할수록 좋아질 수 있지만 자신의 뼛속에 녹아있는 아픔이나 상처를 드러내기란 쉽지 않다. 그러나 드러낸 후에는 치유가 찾아온다. 마음에 묻어둔 이야기를 퍼내면 퍼낼수록 맑은 물이 고이기 시작한다. 달고 맑은 우물을 마셨을 때 정신이 아찔해지는 것, 그 맛을 알고 나면 글을 쓰지 않을 수 없다. 그래서 수필쓰기가 힘들어도 벗어날 수 없는 것 같다.

사람이 느끼는 감정은 판이하게 다르면서도 판에 박은 듯 같을 때도 허다하다. 같은 공감대를 만나면 감동이 따라오고, 감동 받으면 잊지 못한다. 마음에 새겨진다. 새겨진 대로 살아보려고도 한다. 한 편의 글로 삶의 변화를 맛보는 희열이 만만치 않다. 그렇기에 작가가 길어낸 삶의 사유를 독자와 함께 나누는 희열은 진미珍味보다 강하다.

얼마 전 여든이 넘으신 김 선생님과 오랜만에 이야기를 나누었다. 문학을 시작한 지 얼마 되지 않으셨지만 신춘문예로 등단을 하신 후 그 누구보다 치열하게 글을 쓰고 계신다. 나이가 한참 어린 문우들에게도 언제나 깍듯하게 대하며 겸손과 배려로 앉을 자리 설 자리를 분별하신다. 지역에서 많은 사람들에게 귀감이 되시기로 소문나 있는 그분 앞에 서면 절로 머리가 숙여진다.

수필 잘 쓰시고 계시냐는 나의 외람된 질문에 얘기 조금 할 수 있냐고 물으셨다. 글 쓰는 사람들은 되도록 상대의 시간을 빼앗지 않으려 눈치를 보곤 하는데 그날은 서로 타이밍이 잘 맞은 셈이다.

"사실, 수필이 가장 쉬울 줄 알고 했는데 할수록 어렵습디다. 도저히 안 되겠다 싶어 다른 장르로 갔지요. 허나 막상 첫 정이 그리운지라 다시 수필로 돌아왔어요. 새로 공부해보니, 이제 시로 말하면 은유 같은 것, 그러니까 수필의 의미화가 뭔지는 겨우 조금 알겠더라구요. 의미화는 조금씩 되어 가는가 싶은데 사유에 부딪쳐 다시 손 들고 말았지요."

사유! 나는 갑자기 멍해졌다. 한평생 책을 가까이 하고 어려운 사람들을 그냥 지나치지 않으시며 매사를 진지하게 사유하며 살아오신 흔적이 보이는 분조차 글을 쓰며 부딪쳤다는 말씀에 나는 왜 수필을 붙잡고 있는가, 스스로 묻지 않을 수 없었다.

글쓰기는 중독이다. 수작이든 졸작이든, 몸 상태가 최상이든 최악이든, 글이 오든, 글을 찾아 나서든 글과 날마다 조우하면 머지않아 빠져들고 만다. 글을 쓰지 못하면 불안해진다. 삶이 재미없어진다. 좋아하는 일을 해도 좋아하는 사람을 만나도 크게 기쁘지 않다. 어떤 색깔의 졸작이라도 한 편 쓰고 나면 배도 고프지 않고 잠도 오지 않는다. 쌓였든 피로가 순식간에 가신다. 육체를 괴롭히고 정신을 갉아먹는 글쓰기를 사랑하지 않을 수 없다.

입술을 물티슈로 박박 문질렀더니 양념불에 기름을 부은 듯 입가가 화끈거린다.

"엄마, 입술이 토인 같아."

토인 같은 입술로 옆자리 사람들을 바라본다.

"저기요, 제가 책 한 권 드리고 싶어요. 괜찮으시겠어요? 저 글 쓰는 사람이에요."

사람들이 깜짝 놀라더니 모두 환하게 웃음기를 머금는다. 어쩌면 지금 나의 대문니 사이에 고춧가루가 덕지덕지 끼었을지도 모른다.

"이야기가 아주 재미있었어요. 즐거웠어요."

뭔지는 모르겠지만 일이 단숨에 잘못되어버린 것 같다. 낯선 사람들 모임이나 혹은 사석에서, 더군다나 길에서 만난 전혀 모르는 사람한테 나의 작품집을 준 적이 없다.

아무리 좋아해도 직접 요리를 하지 않으면 맛을 낼 수 없고, 엉덩이 눌러앉아 글을 쓰지 않으면 좋은 글을 쓸 수 없다는 것을 나는 은연중 말하고 싶었던 것 같다. 낯선 사람들이지만 그대로 도망칠 수는 없어 주차장에 세워둔 차 트렁크에서 책을 꺼내온다. 그들이 아찔해질 만한 글 한 편, 아니 문장 하나, 단어 하나만 들어있어도 좋으련만 생각하며 책을 건넨 후 딸의 손을 낚아채듯 하여 후다닥 신발을 꿰차고 나온다.

기차가 지나간다

추석 끝날 밤이다. 텔레비전 소리와 오랜만에 모여 떠들던 동생들의 이야기소리 웃음소리가 잦아들었다. 물소리, 문 여닫는 소리, 조카들의 장난치는 소리도 잠잠해졌다. 잠을 청하는데 낯익은 소리가 들려왔다. 남천강 위로 밤기차가 지나는 소리였다. 콘크리트 건물에 에워싸인 아파트에 기차소리라니. 나도 모르게 자리를 박차고 일어났다.

우리 식구들에게 기차는 친숙했다. 아버지가 역무원으로 일을 하셨기에 우리에겐 기차가 자연스러운 교통수단이었다. 무엇보다 우리는 기차를 공짜로 탈 수 있었다. 내가 살았던 밀양은 경부선에 위치해 있어 자주 기차를 타고 부산으로 대구로 놀러를 다녔다. 영도다리가 열리는 것도 구경하고 자갈치 시장도 자주 쏘다녔다. 달성공원에만 가면 아버지는 사남매를 한 줄로 세우고 셔터를 눌러 댔다. 앨범을 뒤적이다보면 "김치!" 하던 그날의 웃음소리가 귓전을 맴돈다.

나는 종종 아버지가 일하시는 역 광장에 자전거를 타고 나갔다. 기차가 들어올 때마다 연어가 알을 슬 듯 사람들을 슬어냈다. 알이 뽕뽕 쏟아져 나오듯 사람들이 광장으로 흘러나왔다. 그 속에서 내가 보고 싶었던 얼굴을 찾느라 세워둔 자전거가 넘어져 있는 줄도 몰랐다.

북적거리는 광장에서 사춘기 서정을 즐기다 제복을 입은 아버지가 서류뭉치를 들고 지나가는 모습도 먼발치에서 보았다. 광장 앞에는 식당이 줄 서 있고 머릿수건을 쓴 아주머니들이 난장을 이루기도 했다. 엿장수의 가위소리, 뻥튀기장수의 연기가 쉴 새 없이 펑펑 터지는 가운데로 외부에서 보따리장수들이 물건을 이고지고 나오기도 했다. 하지만 드문드문 얼굴을 내보이는 그 고장의 명물이나 플래카드에 붙은 행사내용이 바람에 펄럭거리며 그 고장냄새를 풍겨냈다.

  기차는 이야기와 함께 달린다. 객지로 돈벌이 떠나는 이야기, 자식 혼사 이야기, 사랑에 웃고 우는 이야기가 우렁찬 기적소리로 울려난다. 특히 여행길의 이야기 속엔 감동이 묻어난다. 그동안 드러내지 못했던 속내도 술술 풀게 된다. 기차가 플랫폼으로 들어오거나 나갈 때 숨을 내뿜는 소리, 코스모스 길을 달릴 때나 강물 위를 지나갈 때나 들판이나 터널을 지날 때 차창이 덜커덩거리는 소리도 훗날엔 이야기가 되고 그리움이 된다.

  일본 고속열차 신칸센의 앞부분은 물총새부리를 닮았다. 이는 먹이사냥 때 소리를 거의 내지 않고 물속으로 미끄러져 들어가는 물총새의 부리에서 착안되었다. 하지만 기차에서 소리는 생명이다. 불꽃 튀기는 바퀴에서 나는 쇳소리로 멋을 더한다. 인생도 철컥철컥 소리 나는 기차처럼 살면 어떤가. 기차처럼 소리를 지르며 선로 위를 마음껏 달리고 싶지만 그럴 수 없는 게 또한 인생이다. 그렇다하여 한번쯤 뜨거운 기적을 울리지 말란 법도 없다.

  이제는 연로하신 부모님이 한밤의 기적에 실려 먼 여행을 떠나신다. 그 예전 아버지를 힘입어 탔던 기차가 이제는 소리로 와서 부모님을 태우고 꿈속을 지난다. 시간을 싣고 그리움을 싣고 생이 다하는 그날까지 인생의 기차는 달린다. 부모님의 마지막 안식처로.

끈

한 달에 한번 만나는 정기모임이 있다. 스무 해 가까이 이 모임 속에서 나는 맏동서인 형님을 항상 떠올리게 된다. 이들 다섯 명은 모두 중간치나 막내로 자라 결혼하면서 맏동서가 되었다. 이들의 시댁에 관한 애환이나 삶의 방식을 들여다보며 나의 형님을 저울질해 보곤 했다. 그러다 형님과 헤어지고 난 후 이들을 보니 더욱 형님이 그리워 돌아오는 길엔 늘 전화통을 붙들고 온다.

형님은 지독한 짠순이였다. 떨이로 파는 야채도 한 끼 필요한 만큼만 계산해서 사는 바람에 장바구니를 들고 곁에 선 나까지 무안하게 만들었다. 동전 하나 허투루 다루는 법이 없었고, 휴지 한 장 함부로 떼내지 않았다. "큰 며느리는 밥을 저울에 달아서 한다." 칭찬인지 지청구인지 모를 아버님의 말씀에 형님은 "그럼 어떻게 살라는 거예요?"라며 대꾸했다.

형님네가 사업에 실패하자 빚 통장을 우리에게 넘기고 부모님을 마다하고 타지로 떠났다. 우리는 부모님의 권유에 못 이겨 울며 겨자 먹기로 사업을 맡아 수년을 신산하게 보냈다. 무에서 유를 창조하는 것이 차라리 쉽다. 마이너스 통장을 플러스로, 플러스를 또 플러스로 올리기 위해 피눈물을 흘려야 했다. 형님이 남긴 실패의 종지부에 새 뿌리가 내리고 싹이 나도록 죽음을 무릅쓰다시피 했다. 쥐구멍에도 볕이 들 날이 있다던가. 판로가 뚫리면서 빛이 새어들었다. 어둠을 삼키는 빛이 날로 더해지자 형님이 돌아왔다. 이것 외엔 살아볼 도리가 없으니 다시 사업을 해보고 싶다고.

나는 월급쟁이 친정아버지와 한푼 두푼 저축하며 살림을 일구어나가는 어머니 밑에 자라서인지 사업을 하며 장롱 위나 장판 밑에 돈다발을 숨겨놓는다든지, 다시 가뭇없이 사라지는 재산을 이해할 수 없었다. 부평초 같은 수

입이 아니라 잡초가 될지언정 박토에라도 뿌리를 내리는 가계가 되길 원했다. 형님에게 기다렸다는 듯이 통장을 되돌려주고 뿌리 내릴 땅을 찾아 떠나왔다.

형님이 다시 실패를 하고 말았다. 사정이 전보다 나빠졌다. 아무것도 남은 게 없어 방 한 칸 구할 형편이 못되었다. 이리저리 도움을 구하다 나한테 손을 내밀었을 때 나는 동생들한테 차마 손 내밀지 못하는 맏이의 애환을 알기에 형님에게 마음이 쏠렸다. 적금을 깨고 대출을 받아 형님에게 건네었다.

형님과 나는 돈을 갚기 위해 오월동주吳越同舟했다. 형님은 단 하루의 오차 없이 이자와 원금을 꼬박꼬박 보내왔고, 나는 은행에 차곡차곡 갖다 날랐다. 그러는 사이 형님과 나 사이엔 동서지간의 끈끈한 끈이 생겨났다. 허공에서 드리우는 거미줄처럼 형님과 나는 보이지 않는 집을 허공에 지었다. 먹이가 걸려들면 함께 나누고 싶은 마음까지 차올랐다.

사업 실패로 집안에 가난이 앞문으로 들이치고 행복은 뒷문으로 달아났다. 어쩌다 집안 대소사에만 겨우 얼굴을 내미는 식구들은 패잔병처럼 돌아와서 거침없이 서로를 할퀴며 괴롭혔다. 결국 뿔뿔이 흩어져 저마다 삶을 찾아

나갔다. 드넓은 세상은 폭풍과 풍랑이 멈추지 않는 각자의 난바다였다. 고군분투해야 했다. 그러다 배가 난파되었다는 풍문이 돌고, 어찌어찌하여 다시 조각배를 부여잡았다는 소식도 들려왔다. 무소식이 희소식이라며 아예 연락을 끊고 살 때도 있었으니 형님과 나 사이에 지은 신뢰의 집도 세월에 서서히 삭아갔다.

시간의 바람은 배를 앞으로만 나아가게 불지 않는다. 역풍이 불면 과거로만 침잠하기를 끝없이 한다. 과거는 밝음이 없고 어둠만 남는 법인지 새하얀 어둠의 추억으로 가슴속을 떠다녔다.

형님과 내가 한 배에 탔던 첫 시절, 부모님이 잠깐 집을 비운 사이였다. 할아버지께서 갑자기 쓰러지시는 바람에 놀라 형님을 불렀다. 몸집이 작고 꼬장꼬장한데다 가멸찬 마음구석이라고는 느껴지지 않는 형님이 그리 재빠르게 달려올 줄 몰랐다. 나는 형님이 할아버지께 대하는 침착한 태도며, 익숙한 몸짓을 지켜보았다. 게다가 집안의 여러 뒷일까지 마무리하며 나에게 이것저것을 시키기도 했다.

형님은 처음부터 무슨 일에든 따지고 잣대를 들이대던 사람이 아니었다. 사업에 얽힌 이후로 형님의 그 품을 보지 못했으니 형님은 맏동서의 모습을 잃어버렸던 모양이다.

"그때 동서가 도와주지 않았으면 어찌 됐을까?"

회한 어린 말투가 전화선을 타고 흘러온다. 우리는 왜 좀 더 가까이 하지 못했는지, 왜 서로 위하지 못했는지……. 어떻게든 살고 싶다는 생각만 했던 지난날들이 가라앉은 앙금 같았다. 식구들을 마음에서 놓지 못하여 한 명씩 이름을 부를 때마다 안 좋은 기억은 없고, 좋은 것만 떠올랐다. 이제 돌아갈 수 없는 길에 서면 그런가 보았다. 아니 모두가 그렇지는 않을 것이다. 형님 마음에 여전히 짊어진 가족의 짐을 보며 맏동서만큼 하늘이 정해준 서열도 없을 것 같다는 생각이 든다. 삶의 모양이 다를 뿐 마음 모양은 달리할 수 없는 자리가 어쩌면 맏동서 자리인가보다.

동서지간은 같은 배를 탄 사이라고 한다. 팔난봉 같은 삶의 바다를 건너다보면 자칫 배가 뒤집어지기도 한다. 하필 형님과 내가 함께 탄 배가 그러했다. 추억은 뒤로 향하나 현실은 앞으로만 나아간다. 한 치 앞을 볼 수 없고, 만질 수 없는 거대한 시간의 문으로 들어간다. 앞으로의 삶은 정복을 당할지 정복할지 아무도 모른다. 형님과 내가 지어놓은 끈끈한 집에 하루살이라도 좋으니 먹이가 많이 걸려들어 남은 시간 나누어 먹으며 웃을 수 있다면 좋겠다.

　오늘도 모임에서 형님들을 만난다. 여전히 웃고 떠들며 시댁 식구들의 허물을 벗기고 있지만 만담 끝엔 언제나 너그럽고 따뜻하고 깊은 사랑이 배어있다. 우리 형님도 저렇게 누군가와 식구들 이야기를 할까. 그 속에 나에 대한 이야기도 있을까. 형님 옷자락에 달라붙어 한없이 칭얼거리고 싶다. 모임의 네 형님 웃음소리가 창밖으로 어둠을 불러온다. 나의 맏동서, 나쁜 우리 형님이 나를 찾아 여기로 오면 좋겠다. 형님을 맞으러 맨발로 달려 나가고 싶다. 형님!

손길

새끼손톱의 십오 분의 일? 아기 거미가 세면대에 있다. 욕실까지 들어온 걸 보니 목이 말라 물을 찾아서 온 듯싶다. 영특하고 의욕이 넘쳐 보인다. 될성부른 나무 떡잎부터 알아본다는 말이 생각난다. 살 길을 찾아 세면대까지 들어온 걸 보니 대충 살다 죽지는 않겠다. 크게 될 놈 같다.

세면대는 말라있다. 물을 찾아 경사진 면을 기어오른다. 한 발 한 발 부지런히 오르다 2부 능선을 오르지 못하고 툭 굴러 떨어진다. 안절부절 못하더니 발딱 일어나서

재발재발 기어오른다. 또 툭, 두르르르 뒤로 나자빠진다. 그러기를 수차례다. 이젠 힘이 다했는지 죽은 듯 조용하다. 한 가닥 속눈썹보다 여린 다리가 움츠러든다.

나는 양치질을 하다가 아기 거미를 어떻게 해줘야 할지 몰라 치약을 머금은 채 바라보고만 있다. 아기 거미는 일어설 줄 모른다. 기진맥진했거나 어쩌면 죽었을지도 모른다. 세면대에 바가지를 받치고 수도꼭지를 틀었더니 깜짝 놀라 일어선다. 다시 세면대를 오른다. 그러더니 또 금방 굴러 떨어진다. 기진맥진이다.

내가 입을 헹구어 낼 때까지 기다려줄 수 없을 것 같다. 욕실 슬리퍼를 벗고 뛰어나가 구조용 종이를 들고 올 때까지 어딘가로 사라져버리지는 않겠지. 나는 칫솔을 물고 얼른 얇은 종이 한 장을 가져온다. 아기 거미는 웅크린 채 그대로다. 종이 끝을 살짝 가져다 댔더니 힘을 내어 올라탄다. 살았다.

"어디든 가서 잘 살아라!"

현관 신발장 앞에 내려주려다 스치는 발걸음에 다칠까 봐 다시 거실로 데리고 온다. 어디에 놓아주면 좋을지 둘러본다. 어디든 내려놓기만 하면 제 알아서 살아가겠지만 이왕이면 딱딱한 바닥이나 차가운 베란다보다 며칠

전 물을 먹은 촉촉한 화분 위에 내려준다. 마른 세면대에서 축이지 못한 목을 실컷 축이라며 애먼 화분에 듬뿍 물을 준다.

제 4 부
곤두박질

세 채의 집

마른 빵 한 조각과 죽 한 그릇

곤두박질

어느 청소부의 만추

천국축제를 꿈꾸다

사가면 思佳面

못

비둘기

오십 년 가까이 지나오면서 쟁여놓은 내 존재가 가벼운 조약돌 하나만큼의 무게도 되지 않는 줄 미처 몰랐다. 가벼워서 날아오르기 쉬운 것이 아니라 곤두박질치기에 안성맞춤이다. 그저 가볍게 사람을 대하고 쉽게 벗어나고 달아나버리고자 했기에 그 진지한 영혼들의 관심과 사랑이 내게 힘이 될 수 없었던 것이다. - '곤두박질'

세 채의 집

나는 집을 세 채 가지고 있다. 평소 집을 관리하는 일이 내 인생의 전부인 것처럼 산다. 사람들은 이런 나를 두고 입을 댄다. 참 욕심이 많다느니, 고생을 사서 한다느니 말한다. 하나 정도는 처분하고 홀가분하게 살라고 부추기기도 한다. 그러나 모르는 말씀이다.

나의 집들은 모두 맞물려 있어 한 채를 포기하면 나머지도 힘없이 무너지게 된다. 그러니 하나도 포기할 수 없고, 소홀히 할 수도 없다. 몸과 마음과 영혼이 긴밀할 때 삶이 탄탄해지듯 나의 집들이 그렇다.

첫 번째 집은 지금 살고 있는 아파트이다. 식구들은 집을 소유하는 것에 걱정이 많았다. 응당 모두 기뻐할 줄 알았는데 나의 기대가 빗나갔다. 대출이 많았던 것이 문제였다. 안정된 직장 없이 빚을 갚아간다는 게 쉽지 않을 거라고 생각했던 모양이다.

모든 것에는 때가 있다고 한다. 날 때가 있고 죽을 때가 있으며 찾을 때가 있고 잃을 때가 있다. 내 집도 형편과 상황에 상관없이 때가 되었기에 주어진 것이라며 식구들을 안심시켰다. 하지만 그런 운명 속에 내가 오래전부터 꾸어 온 꿈도 속해 있었다. 집을 옮겨 다니고 전세값을 올려주며 전전긍긍하는 생활이 싫어서 안정된 집을 갖고 몸이 좀 더 편해지길 원했으니 그 꿈이 하늘에 닿은 모양이다.

베란다와 거실을 합치고 천장과 벽을 나무로 했다. 창문과 욕실을 비롯한 집안 구석구석을 리모델링했다. 오래된 집이지만 손길을 주면 새로워지는 공간에서 마음껏 휴식을 즐겼다. 쓰러져가는 오두막이라도 내 집이 있어야 한다는 말은 몸도 마음도 편하게 쉴 수 있는 공간이 있어야 한다는 말과 같다.

두 번째는 글로 지어가는 마음의 집이다. 글쓰기는 몸을 피곤하게 하고, 시간을 잡아먹는 날도둑이다. 부족한 나에게 특별한 보상이 없다. 그럼에도 좋아서 하는 일이고 죽을 때까지 하고 싶은 일이다.

글 집을 짓는데 필요한 재료와 능력이 부족한데도 글을 쓰며 사는 것이 현실이며 끝없는 꿈이다. 추억을 꺼내어 사유와 버무리고, 사물을 형상화시키고, 수사로 양념을 치는 일이 즐겁다. 문장이 만들어지고, 글이 모양을 갖추어갈 때 나도 모르게 터져나는 괴성은 내 마음의 넘쳐나는 즐거움의 표시이다.

마음의 집을 엮은 책이 나올 때 사실은, 두렵다. 내 것인데 낯설어 보인다. 내가 몰랐던 나를 본다. 육신적 삶이 글 집을 통하여 태어난 것이다. 사람들은 이런 말도 한다.

"글에서 돈이 나오니, 밥이 나오니?"

무모하게 글을 쓰느니 차라리 생산적인 일을 해서 육신의 집을 넓히는 편이 낫다고 한다.

그러나 글 쓰는 일만큼 창의적이고 생산적인 일이 어디에 있는지 그들은 모르는 것 같다. 내가 쓴 글에 타인이 들어와 함께 나누는 기쁨을 모르고 하는 소리다. 나는 이보다 더 생산적인 일을 할 수가 없다. 비록 초라하고 작은 집이지만 누군가 공감하고 삶을 나눌 수 있다면 충분히 즐거운 집이다.

인간의 기억은 시간의 물살을 타고 쉼 없이 흘러간다. 그 사라지는 것들에 활기를 불어넣는 것이 글이다. 추억이나 기억이 글 속에 들어오고 읽혀질 때에만 생명을 얻는다고 존코널리가 '잃어버린 것들의 책'에서 말했다. 사람은 육신의 집으로만 살 수가 없다. 누구나 마음의 집으로 자신의 존재를 나타내고 싶은 게 인간의 본능이다. 마음의 집을 잘 짓기 위해서는 영혼을 잘 지켜야 한다. 영혼으로 쓰는 글, 영혼으로 하는 행위는 깊은 울림으로 가슴을 적시니까.

세 번째는 기도로 쌓아가는 영혼의 집이다. 기도는 육신의 삶과 마음의 이야기로 만들어져서 내 영혼이 이 땅과 저 하늘을 자유롭게 통행할 수 있도록 해준다.

성경을 읽고 묵상하며 절대자의 말씀대로 살려고 애를 써야 한다. 그러나 인간만큼 간사하고 연약한 존재가 없기에 계획과 노력만으로는 영혼의 집을 세울 수 없다. 그 집을 일으키고 완성되도록 하는 절대자의 손이 아니면 설 수 없는 집이다. 골방에서 낙타무릎과 비둘기의 눈물로 집을 짓고 삶에 절제라는 필수재료를 놓치면 허물어지기 쉬운 집이다.

사람들은 영혼의 집을 지닌 나를 보며 지금 아닌 나중 세상을 떠날 즈음에 마련하면 되지 않겠냐고 한다. 그러나 내 영혼이 오늘밤 어떻게 될 지를 아무도 아는 이가 없다고 했으니, 영원한 세계로 불려갈 그때가 언제인지 알 수 없는 인생이라 했으니, 두렵다. 살아있는 것들은 반드시 한번 죽는 것이 정한 이치이며 진리이기에 어찌 지금 눈앞에 보이는 대로만 살다가 어느 날 홀연히 보이지 않는 그 세계로 간단 말인가.

날마다 다듬고 보수해나가는 일이 만만치 않아 돌보기 힘든 집, 살아있을 때 준비해 놓지 않으면 안 되는 집이다. 그 안에 내가 깃들고 그 집이 내 안에 깃들어 육신과 마음과 영혼이 하나 되길 꿈꾼다.

세 채의 집을 관리하고 지키며 사는 일이 어쩌면 삶의 전부이다. 어느 하나를 버리면 좀 자유롭고 가벼운 삶을 살 수 있을까. 배가 침몰할 때 자신이 가진 물건을 내다버려야 한다면 무엇을 버릴까라는 이야기가 있다.

집 세 채를 잘 지니기 위해 힘에 부칠 때가 많은데, 하나를 포기해야 한다면 무엇을 가장 먼저 버릴까. 몸 붙이고 살아야 할 육신의 집? 내면을 비추고 다듬어내는 마음의 집? 하늘을 소망하며 이루어가는 영혼의 집? 나 스스로는 아무것도 포기할 수가 없다. 아무리 힘들어도 꾸역꾸역 지녀가고 있으니 욕심이 과하다는 말을 들을 수밖에 없겠다.

마른 빵 한 조각과 죽 한 그릇

그 겨울 언덕길에 담장이 성벽처럼 솟아 있었다. 주먹만 하고 반들반들한 돌이 보석처럼 빼곡하게 박힌 돌담이었다. 높은 담장 안에서 사는 사람들은 어떨까. 사는 게 별반 다름이 없는 줄 알면서도 궁금해서 자꾸만 기웃했다. 잎이 너덧 남은 나뭇가지 하나라도 담장 위로 넌지시 고개를 내밀어주었다면 조금은 덜 추웠겠다.

마침 성벽 꼭대기에서 누군가 이불을 터는 모습이 비쳤다. 깃발이 나부끼는 듯했다. 일요일 오전, 딸과 함께 오르는 서울의 낯선 길이었다.

"어떻게 이 먼 데까지?"

"어떻게 찾다보니, 엄마……."

한 시간 넘도록 지하철을 타고 온 데다 오르고 올라도 교회는 타나날 기미가 보이지 않았다. 간혹 승용차가 지날 때마다 바퀴에 달려온 찬바람이 우리 앞을 몰아치는 바람에 옷깃을 더욱 여미었다.

"여기저기 물어보고 찾은 곳인데. 조금만 더 가면 돼."

딸이 미안했던지 다시 대답해 주었다.

어젯밤 늦게 딸의 기숙사에 도착했다. 콧구멍만한 옷장을 정리하고 방을 몇 번이나 걸레질하면서 서울생활에 대해 이것저것 물었다. 딸은 집에서 다닐 때처럼 여전한 생활이었다. 학교수업이 끝나면 쉬지 않고 아르바이트를 하며 온갖 대회와 공모전을 기웃거리느라 몸이 파김치였다. 이곳에 머무는 짧은 기간만이라도 좀 쉬어가며 하라고 말하고 싶었지만 나는 아무 말도 하지 못했다. 진정 마음에서 길어 올린 말이라도 껍데기가 되어 날아가 버리는 말은 소용이 없다.

나는 아이들의 학비와 생활비를 만들어내느라 숨이 턱까지 찼다. 지난 날 남들보다 헤펐던 웃음이 바닥났고, 누굴 붙들고 사정을 말할 수 있는 숫기 같은 건 처음부터 없었다. 아침마다 수첩에 빽빽한 일정을 메모해 놓고 하루를 지내는 중 메모된 일정을 하나하나 지워나가다 보면 밤이었다. 하루에 통장을 몇 번이나 확인하는 것도 일과 중 하나였다. 힘들고 어려울수록 도움의 손길을 찾아 쉽고 편안해 보이는 길을 가는 건 삶을 우회하는 길이며, 차라리 앞이 보이지 않는 것 같은 어두운 길을 스스로 가는 것이 바른길이라 여겼다. 그러나 그건 내가 만든 억지 길이었는지도 모른다. 아무도 나를 봐주지 않는다고 말하는 것보다 내가 도움을 거절한다는 쪽으로 자존심을 세우고 싶어서였다.

추운 날씨 때문만이 아니라 이런저런 생각으로 가득하여 딸은 딸대로 나는 나대로 말을 아끼며 걸었다. 그런 중에도 나는 높은 담장이 있는 저택 안을 상상했다. 담장 너머로 드러난 이층, 삼층집 꼭대기 부분과 햇빛에 눈부신 창문들이 근엄하고 근사해 보였다. 그 든든한 돌담에 잠깐 기대어보고 싶기도 했다.

한 시간 넘도록 찾아간 교회치고는 특별함이 없어 보였다. 그날 설교내용은 대문 밖에 선 거지 나사로에 대한 이야기였다. 헌데 투성이로 부잣집 대문 밖에 버려진 나사로가 부자의 상에서 떨어지는 것으로 배를 불리려 했지만 자색 베옷을 입은 부자는 나사로를 돌봐주지 않았다. 나사로도 부자도 세상을 떠나 나사로는 천국에, 부자는 지옥에 갔다. 거지 나사로를 돌보지 않은 죄로 부자가 지옥 갔다는 의미가 아니었다. 나사로에게 필요한 건 위로의 말이 아니었다. 배고픈 나사로에게 정녕 필요했던 건 누군가 건네주는 마른 빵 한 조각과 죽 한 그릇이라는 내용이었다.

그즈음 나는 "힘내라", "행복해라", "파이팅!"이라는 말을 자주 들었다. 격려의 말에 오히려 내 안에 부정적 반응이 튀어 올랐다. 긍정적 위로가 나를 더욱 깊은 막연함과 슬픔 속으로 밀어 넣었다. 내게서 일어나는 그런 아이러니한 마음과 배리가 나를 더 서글프게 했다. 서울의 낯선 곳에 홀로 던져진 딸에게, 하루하루 생활에 전전긍긍하고 있던 나에게 정작 필요했던 것은 마른 빵 한 조각과 죽 한 그릇이었던 것을…….

예배를 마치고 식당으로 내려갔더니 식탁위에 팔뚝만한 바게트들과 간이 잘 된 흰죽 그릇들이 준비되어 있었다. 사람들이 함께 빵을 뜯고 따뜻한 죽을 뜨며 만담도 오갔다. 내 몸과 내 영혼이 가장 가난했던 시절, 내 마음의 한 계절이었던 그 겨울, 높고 아름다운 돌담과 그 돌담 안에 사는 사람들을 부러워하며 올려다 본 그 날, 그 한 끼 양식이 나의 겨울을 버텨오게 한 힘이 되었다. 허공으로 흩어져버리는 위로와 격려가 아닌 따뜻하고 든든한 영혼의 양식 그리고 육신의 밥이 내 살과 피에 녹아드는 순간이었다.

살기 좋아졌다고 나사로가 없는 것은 아니다. 육체적 굶주림과 질병만 아니라 정신적으로 허기지고 병든 사람들이 얼마나 많은지 모른다. 부조리한 일에 시달리고 엉뚱한 소문에 걸려들고 삶의 실적을 요구하는 오늘날 정신적 부담감에 던져져 헌데 앓는 나사로가 된 사람들이다. 그들의 이야기를 들어주기만 해도 좋을 부자가 무관심으로 모르쇠하는 세상이다.

베트남에서 온 그녀를 만난 건 나에게 행운이다. 그녀는 연명하다시피 살아내고 있다. 그녀를 보면 왜 어려운 사람이 자꾸만 힘든 일을 덧입게 되는지 이해되지 않는다. 남편은 회사에서 일을 하다 몸을 다쳐 오랫동안 병원 신세를 지고 있다. 그녀는 시부모님과 아이들 뒷바라지 하느라 몸이 만신창이이다. 시어머니는 며느리가 본국으로 돌아가 버릴까봐 시장에도 혼자 못 가게 하며 일일이 간섭을 한다. 그런데도 "어머니가 안 계셨으면 사랑하는 남편이 있을 수 없지요."라고 말한다. 식당이며, 인력시장이며, 무슨 일이든 마다않는 그녀를, 낯선 나라에 들어와 가난에 던져진 그녀를 나는 어떻게 대해야 하는가. 현실을 탓하지 않고 앞날을 꿈꾸고 있으며 자신의 운명에 순복하며 최선을 다하는 그녀 앞에서 나는 또다시 무엇을 위해서 어떻게 살아야 하는가를 돌아보게 된다.

내가 가진 비록 초라한 빵과 죽이라도 나누고 싶어 연락을 하지만 그녀는 너무 바쁘다. 좀체 만나기가 힘이 든다. 내 안에 있던 그녀를 향한 마음과 말이 텅 빈 겨가 되어 허공으로 사라질까봐 애가 탄다. 나와 마주한 나사로에게 외면당하는 부자가 되고 싶지는 않다.

곤두박질

마음이 쫓기는데 비까지 내렸다. 차 문을 열고 내리자마자 길바닥에 곤두박질치고 말았다. 그 순간이 결코 짧은 시간이 아니었다. 마음에 산적한 풀지 못한 숙제들이 파노라마처럼 지나가는 순간이었다.

이미 얼굴은 바닥에 쳐박혀 버렸다. 엎어져 있는 동안 모두가 나를 내팽개쳐버린 듯했고 그 누구도 나의 비명에 귀 기울이지 않았다. 그렇다고 누가 도움을 줄 때까지 마냥 엎드려 기다릴 수 없었다. 흙탕물을 털고 일어났다. 부끄러움을 감추기 위해 손으로 얼굴을 가렸다. 손바닥이

미끄덩거렸다. 피가 흥건하게 묻었던 것이다. 옷은 고였던 빗물에 흠뻑 젖었다. 다시 차에 올랐다. 백미러 속 얼굴이 피로 젖어 있었다. 입에서도 피가 흘러나왔다. 그제야 정신이 번쩍 들었다.

넘어지는 일이 대수롭지 않은 일일 수도 있고, 특별한 일일 수도 있다. 급하게 걷다보면 넘어질 수도 있다. 그러나 급하게 다니는 모든 사람이 넘어지지는 않는다. 50여 년 살면서 한 번도 이런 일이 없었으니 특별한 일이라고 여겼다. 나한테 특별한 일이 일어나지 말라는 법이 없다. 이보다 더 안 좋은 일을 당할 수도 있다.

'특별히'라고 생각하니 다친 데도 특별했다. 곤두박질을 쳤는데 이마, 눈, 코, 이는 무사하고 인중과 턱이 찢어졌다. 무릎, 팔, 손을 다치기는 했지만 타박상에 불과했다. 이만하니 얼마나 특별한 일인가 싶었다. 좋은 일이건 나쁜 일이건 특별히 맞이한 일에 대해서는 어떤 이유가 있으리라.

며칠 후 현장에 가보니 수도꼭지가 있고, 제법 두꺼운 널빤지가 깔려 있었다. 걸려 넘어진 게 뻔했다. 그것도 내 앞에 주차한 차가 빠져나가는 것을 지켜보며 겨우 주차를 했는데, 그 차가 좀 더 쉽게 빠져나갈 수 있도록 자리를 조금 더 멀리 비켜줬더라면, 그리고 그 자리에 주차를 했더라면 이런 사고가 일어나지 않았을 텐데 싶었다.

　수도꼭지나 널빤지는 그 자리에 있어야할 물건들이었다. 분명 그것들은 치울 수 없는 것들이어서 지나가는 사람이 돌아서 가거나 의식하며 지나가야 하는 것인데 나는 개의치 않고 무작정 지나갔다. 발로 뻥뻥 차고 굴리며 지나갈 수도 있는 하찮은 것들이었다.

　생각과 말을 함부로 했던 즈음이었다. 없는 말, 거짓말은 아니었지만 속에 담아놓고는 심장이 터질 것 같아 견딜 수 없었다. 속에 담아놓자니 오장육부가 타들어갔다. 이대로 참는다면 숨을 쉴 수 없을 것 같아 내질렀다. 그러나 상대의 태도는 변함이 없었고, 나의 뜻을 받아들여 주지 못하니 나만 상처 나고 밀렸다. 스스로 쏟아낸 말에 스스로 곤두박질친 기분이었다.

　누구의 잘못도 아닌 스스로 곤두박질쳐서 마음이 찢어졌다. 아무도 나를 도와줄 수 없었다. 왜냐하면 주변인들에게는 속상한 나의 마음을 보이고 싶지 않았으니까. 오직 상대만 알아주면 그만이었다. 남들에게 피해를 주고 싶지 않아서 말할 필요도 없었다. 이 또한 잘못된 생각이라는 것을, 평소 사람들과의 교통을 등한시하고 있었던 결과였다.

또 다른 넘어질 만한 매개를 찾아보았다. 연로한 부모님께 마음을 드리지 못하고, 형제간에 사랑하지 못하고, 일에 최선을 다하지 않았으며, 늘 피곤하다거나 바쁘다고 하며, 남보다 나 자신을 챙기기에 급급했다. 타인이나 일에 진심과 전심과 중심으로 대하지 못한 것이 걸렸다. 그야말로 참으로 가벼운 생각과 말과 행동이었다. 그러니 곤두박질 칠 수밖에.

저 멀리 튕겨져 날아가 버리지 않은 것이 다행이었다. 오십 년 가까이 지나오면서 쟁여놓은 내 존재가 가벼운 조약돌 하나만큼의 무게도 되지 않는 줄 미처 몰랐다. 가벼워서 날아오르기 쉬운 것이 아니라 곤두박질치기에 안성맞춤이다. 그저 가볍게 사람을 대하고, 쉽게 벗어나고, 달아나버리고자 했기에 그 진지한 영혼들의 관심과 사랑이 내게 힘이 될 수 없었던 것이다.

뼈도 생생하고 이도 붙어있으니 이 곤두박질은 앞으로의 삶에 대한 경고이다. 여전히 이대로 살다가는 그야말로 생애 큰 곤두박질이 오지 않는다고 누가 장담할 수 있을까.

어느 청소부의 만추

다운동 사거리에 바람이 분다. 반쯤 잎을 지운 은행나무들이 줄지어 서있다. 대로변에 쌓인 은행잎들이 편대비행을 하는가 싶더니 오합지졸로 날아오른다. 날개도 없고 엔진도 없는 어지러운 비행 속에 한 청소부가 대빗자루를 들고 뛰어다닌다.

그가 겨우 잎을 쓸어놓으면 천 갈래 바람이 일어나 흩어놓는다. 대빗자루를 휘두르며 다시 잎을 모아오면 바람이 마주오거나 뒤따라와 산통을 깬다. 어찌어찌 쓸어놓은 잎을 바람이 무색하게 만들어 놓고는 회오리가 되어 잎들을 낚아챘다. 잎들은 이내 추락한다. 또 흩어진다. 바람도 숨 돌릴 시간이 필요한가. 머뭇거리는 틈을 타 그가 다시 도로변을 뛰어다니며 잎을 쓸어 모은다. 바람이 실눈을 뜨는가 싶더니 또 잎들을 불어버린다.

청소부는 바람이 잦기를 기다리지 않는다. 이제 곧 다가올 겨울, 더한 바람이 몰아치기 전에 자신의 임무를 완수하는 일이 가장 아름다운 일임을 안다. 그는 지금 늦가을을 살고 있다. 그에게 바람을 다스리는 노하우란 없다. 이 가을과도 타협하지 않는 것이 지금까지 청소부로서 지켜온 자존심일까. 대빗자루 한 자루만 있으면 아직도 얼마든지 길을 갈 수 있으리라는 확신에 차 바람 속을 저리 날아다니고 있다.

어쩌면 그는 바람 많은 날을 기다렸다가 비질을 하고 있는지 모른다. '세상이여, 보라!'는 듯이. 그가 헛수고인 줄 모를 리 없다. 빗자루를 든 그의 등 너머로 노란 은행잎이 뭉텅뭉텅 내리고 있다. 만추다.

천국축제를 꿈꾸다

십리대숲에서 납량축제가 열린다. 일주일 동안 대숲을 으스스하게 만들어놓고 귀신들이 득시글거린다. 대숲을 앞마당처럼 쏘다니다가도 축제 하루 전부터는 발걸음을 하지 않는다. 한번은 개막 전날인 줄 모르고 밤에 더위를 식히러 나갔다가 저승사자를 만났다. 검은 도포자락을 휘날리며 검붉은 입술에 숯검댕이 눈썹을 한 모습이었다. 다음날부터 시작하는 축제를 홍보하러 나왔다는 것이다. 영화나 이야기를 통해 귀신을 보거나 소리를 들을 때처럼 머리끝이 쭈뼛거리고 온몸에 소름이 돋았다.

7,80년대 텔레비전 프로 '전설의 고향'에서 언제나 귀신이 등장했다. 귀신을 실제로 본 적이 없지만 전설에 등장하니 그 존재를 인정할 수밖에 없다. 귀신은 언제나 천둥번개가 치고, 비가 내리는 깊은 밤에 나타난다. 바람이 불어 등불이 꺼지고 갑자기 문이 열리면서 천천히 모습을 드러낸다. 입에는 피를 흘리고 부스스한 머리카락은 치렁하게 늘어뜨리고 눈빛은 슬프고 날카롭다. 텔레비전을 보다가 집이 떠나가라 비명을 지르면 식구들이 더 놀라곤 했다. 어머니는 안 무서운 척하는 게 다 보였고, 아버지는 채널을 다른 데로 돌리리라며 헛기침을 했다.

텔레비전에서만 보던 귀신을 직접 본 적이 있다. 용인 자연농원으로 간 수학여행에서 귀신의 집에 들어갔을 때였다. 갑자기 관 뚜껑이 열리더니 귀신이 벌떡 일어서고, 팔뚝 하나가 불쑥 튀어나오고, 기괴한 웃음과 울음소리로 가득했다. 친구에게 떠밀려 들어갔다가 초죽음이 되어 나왔더니 세상은 햇빛으로 눈부셨다.

더위를 피해 서늘한 기운을 느끼기에 귀신축제밖에 없는 것일까. 울산의 진풍경인 십리대숲의 특징을 살려낸 행사로써 등골을 오싹하게 만들어 열대야를 이기게 하기에 이보다 좋은 프로그램은 없을까. 댓잎의 그림자가 귀신의 찢어진 눈을 닮았고 대숲에서 불어오는 바람소리 또한 서늘한 기운을 자아내니 배경이 적격인지는 모르겠다. 그러나 그 잔상이 금방 사라지지 않는다. 귀신을 재미있고 즐겁고 행복하게 기억하는 사람이 몇 있을까 싶다.

이미 벌여놓은 축제이며, 울산의 이름난 축제로 자리매김해나가고 있는 것 같다. 이 축제 영위의 문제는 시市에서 정할 일이지만 이 납량축제 후에 단 하루 이틀만이라도 천국축제가 열리면 좋겠다.

천국도 우리가 모르는 곳이다. 상상으로만 짐작해보는 것인지 은연중 인식되어온 탓인지 천국하면 천사가 떠오른다. 하얀 날개를 파닥거리며 사람들의 시중을 들고 반짝이는 봉을 들고 다니며 축복을 전한다. 그 얼굴은 언제나 앳되고 맑으며 미소를 머금는다. 천사가 날아다니는 곳에서는 왈츠가 흐르고 빛이 환하다. 마음이 편안해지며 따뜻해진다. 어디선가 향기가 흘러나오며 주단이 깔린 곳에서 사람들이 여유롭게 먹고 마시고 춤을 춘다.

수 년 전 '사랑의 학교'에 다녀온 적이 있다. 4박5일간 천국 같은 생활을 누리는 곳이었다. 아무런 일을 하지 않고 차려진 밥상을 받아먹었다. 하고 싶은 독서도 하고, 운동도 하며, 듣고 싶은 음악도 들었다. 천사들이 나와서 발까지 씻겨주고 필요한 것들을 말만 하면 들어주었다. 하루에도 몇 번씩 선물이 날아오고 그 학교를 다녀간 사람으로부터 엽서도 날아왔다. 오 일이 어떻게 지나갔는지 모를 정도였다. 내 안에 천국이 스며들어 그곳을 나올 땐 나는 행복한 사람이며, 사랑스러운 존재이며, 이 모습 이대로로도 충분히 가치 있는 멋진 존재라고 느꼈다. 잠깐 머물다 왔을 뿐인데 나를 스치는 바람결이 달라졌고 나를 대하는 사람들의 눈빛과 말의 색깔도 달라져 있었다. 내가 행복하니 나를 대하는 이들도 행복해 보였다.

내 안에 지옥과 천국이 있다. 살면서 만난 귀신과 천사가 내 안에 있는데 언제나 나는 천사 편에 서려하지만 또 다른 나는 귀신 편에 선다. 실제 천사와 귀신이 보인다면 어느 누가 귀신동네를 찾아 더위를 식히고 싶을까. 본능적으로 아는 사실을 세상은 농담으로 또는 재미로 장난을 친다. 그것이 마음에 어떤 이미지로 남는지 생각하지 않는 것 같다. 그것들이 주는 영향이 어떤 것인지도 크게 생각하지 않는 것 같다. 작은 행사 하나 축제 하나가 한 사람 한 사람한테 미치는 영향력이 얼마 만큼인지 계산했으면 좋겠다.

이왕 납량축제를 벌일 거면 밝고 아름다운 축제로 열었

으면 좋겠다. 아니면 일주간 대숲에 귀신들이 돌아다녔다면 그것을 상쇄할 만큼 천사들을 풀어 열대야를 이기려 나온 사람들에게 따뜻한 납량을 해주면 좋겠다.

  한동안 대숲에 내려가지 않았다. 귀신들의 곡성이 가시길 기다리고 있다. 이불 속에서 눈을 꼭 감고 귀를 막은 아이처럼 당분간은 대숲 뜰을 밟고 싶지 않다. 어릴 적 우리 동네에 일 년에 한 번씩 들어왔던 서커스단처럼 천사들이 한번 다녀가면 좋겠다. 사람들이 열일을 제쳐놓고 달려가서 즐거운 시간을 보내고 왔듯이 천사를 보러, 천사가 주는 선물을 받으러 부리나케 달려갈 것이다. 거기 천국축제에서 온갖 사랑과 행복을 누리고 돌아오면 그 잔상으로 납량을 하리라.

사가면思佳面

번개시장 귀퉁이 응달진 곳을 지나다 '사가면식점思佳面食店'이라는 중국인의 식당을 보았다. 전등불빛 같은 노란 간판에 검은 상호가 유난히 눈에 띄었다. 사가면思佳面, '아름다운 얼굴을 생각하라'는 뜻 앞에 발걸음이 멎었다. 먼지 묻은 내 얼굴을 절로 두 손으로 감싸며 식당 안으로 들어섰다.

두어 평 남짓한 홀에 테이블 두 개와 몇 종류의 빵이 담긴 그릇들이 있었고, 안쪽 귀퉁이로 손바닥만한 주방이 보였다. 벽에 붙은 메뉴판에 중국어로 된 음식이름 여남은 개와 각기 가격표가 붙어있었는데 과자 한 봉지 값이 안 되는 가격에 놀랐다.

주방에서 나오는 두 주인의 표정이 상호명의 이미지랑 똑같아 보였다. 하얀 주방 모자를 쓰고 오렌지색 앞치마를 두른 두 사람은 모자母子지간이었다. 이른이 넘은 어머니와 불혹을 갓 넘긴 아들. 모자는 처음 보는 손님에게 세상에 둘도 없는 미소를 지어보였다. 바로 가면佳面이었다.

이들의 고향은 만주라고 했다. 일제강점기 때 선조들이 조선에서 중국으로 이주하여 조선족으로 살아왔다. 중국에서 벼농사를 크게 지었지만 재미를 보지 못해 귀화한 지 십여 년 째였다. 아들은 공단에서 일을 하던 중 교통사고로 직장을 그만 두었다. 마침 타 지역 제철공장에서 일하다가 사드문제로 실직을 한 친구의 권유로 시장 한 귀퉁이에 자리를 잡았다. 친구가 중국을 다녀올 때마다 주방기구를 들여오고 요리방법도 중국에서 배워온 것을 전수해 주어 장사를 시작할 수 있었단다.

중국식 만두와 면 종류와 빵이 주를 이루었다. 많이 팔리는 음식이 오백 원, 천 원인 빵 종류였다. 중국에서 들여온 향신료를 쓰기에 한국인의 입맛에는 맞지 않을 거라고 주인은 내심 걱정어린 눈빛을 보였다. 맛을 보고 아니다 싶으면 그냥 가도 좋다고 했다. 나는 아무런 맛이 나지 않는 주먹만한 밀가루 빵을 골라 자리를 잡고 앉았다.

이곳에 오는 손님은 정해져 있었다. 건설현장이나 용역현장에서 일하는 중국인 일용직 노동자들, 교대근무를 하는 중국인들, 그리고 소문이 나기 시작하자 다른 동네에서 찾아오는 중국 본토박이 사람들이었다.

주인은 날마다 새벽 두 시 반이면 일어나 장사 준비를 한다. 네 시 반쯤이면 손님들이 쏟아져 오고, 식당 안으로 들어서지 못한 사람들은 시장 골목에 서서 따끈한 콩물 한 컵에 빵 하나로 아침 식사를 한 후 현장으로 나간다는 것이다. 그들 중에는 불법체류자도 있을 것이며, 방랑자도 있으리라. 이곳에 자리를 잡고 활착해가는 과정을 지나는 이도 있을 것이다. 이들은 매일 신새벽 문을 열고 사가면식점으로 와서는 그들의 고국과 고향을 떠올리며 하루를 시작하는 것이었을까. 노란 불빛 속에 씌어진 '사가면'이라는 글을 바라보며 그리운 얼굴, 아름다운 얼굴들을 함께 가슴으로 채워 넣은 후 각자의 일터로 흩어져갔던 것일까.

주인은 손님들이 빠져나간 늦은 아침에야 한가한 시간을 가지게 되었다. 잠시 눈을 붙이기도 하고 또 오후 손님들을 위해 미리 음식을 준비했다. "우리는 이거라도 할 수 있어 좋지요. 그저 밥 먹고 살 수 있는 게 어디라고요. 이만한 행복이 어디 있다고요."라고 말하는 이들 얼굴에 웃음꽃이 가득 차올랐다.

중국에는 그 땅을 떠날 수 없는 공무원 신분을 지닌 친척들이 남아있다. 안정적인 직장을 가지지 못한 가족은 대부분 귀화를 했다. 십여 년 살아보니 한국은 정말 살기 좋은 곳이라고 말했다. 일자리가 많고, 거리도 깨끗하며, 사람들의 친절함과 예의 바름도 좋다고, 또한 인심이 좋고 따뜻한 손길도 많다고 했다.

그럼에도 고향에 대한 그리움은 가시지 않았다. 사가면에 찾아오는 고국 손님들이 가족 같아 그 땅에서 살 때 느껴보지 못했던 애틋함을 이국에 와서야 느낀다고 했다. 손님 중에는 부러 가게에 들러 인사하고 심부름 해주는 사람도 있다니 낯선 땅에서 지니는 동포애는 인지상정이었다.

'생각하라, 아름다운 얼굴을' 식점食店에 들러 빵을 먹으며 주인과 이야기 나누는 동안 내 삶의 응달진 구석에도 '思佳面'이라는 글귀 하나 내어걸고 싶어졌다. 나또한 고향에 머문 부모와 형제와 친구들의 얼굴을 떠올리며 더욱 힘을 얻고 싶었다. 담백하고 밋밋한 빵이어서인지 자꾸만 목젖에 걸렸다. 신새벽, 이곳을 찾아오는 사람들이 생각했을 알지 못하는 그리운 얼굴들이 축축하게 젖어왔다.

못

또 박혔다. 이번에는 대못 같다. 타이어에 갇혀있던 바람이 기회를 놓칠세라 쎄에쎄에 빠져나오는 소리가 들린다.

"싸모님 차가 못을 디게 싸랑하는가 봐요?"

단골 수리점 주인이 눈웃음에 잇몸까지 드러내며 말한다. 못을 사랑하는 차가 어디 있단 말인가. 이제 못이라면 지겹다.

타이어 하나에 못 하나 박혔다고 못 굴러다닐 것은 없다. 성한 바퀴가 버젓이 버티고 있으니 차는 굴러간다. 그렇게 몇 날 며칠을 타고 다녔던 적도 있다. 그러나 못 박힌 타이어 생각을 하면 내버려둘 순 없다. 바람 빠진 타이어가 제 기능을 못하는 것도 그렇지만 박힌 못이 끄덕끄덕 속을 찌를 생각을 하니 수리점으로 가지 않을 수 없다.

"한 개도 아니고 두 개씩이나 되네요."

주인이 집게에 딸려 나온 못을 치켜들고 요리조리 훑어본다. 요것이 보통내기가 아니라는 듯 고개를 좔좔 흔든다.

수리는 간단하다. 언뜻 보니 못을 빼낸 부분에 기다랗고 굵은 실을 바느질하듯 쑤셔 넣었다 뺐다 한다. 유심히 지켜보는 내게 주인이 "요거 빵꾸 때우는 실입니데이."라고 말한다. 펑크 때우는 실? 참으로 간단하다. 정말 단순한 이름이다. 이 단순한 도구로 구멍 난 곳을 메운다.

마음을 가눌 길 없이 상처를 받았을 때 못이 박혔다고 말한다. 한번 박히면 빼기가 힘들다는 뜻이다. 내 안에 무슨 못이 있길래 못 박힌 타이어한테 동질감을 느낀단 말인가. 작은 눈길 하나도 때론 못이 되어 찔러오고, 침묵이 대못처럼 깊이 박혀올 때도 있다. 관심과 무관심, 사랑과 미움, 진실과 거짓까지도 마음에 아픔으로 박힌 못이 될 때 그 통증으로 잠 못 이루는 때가 왜 없을까.

벽에 박힌 못을 빼려고 안간힘을 다했으나 뽑히지 않았다. 차라리 못을 박아버리면 민벽이 될 것이고, 가구를 배치해도 걸리적거리지 않을 것이었다. 못이 하도 단단히 박혀 망치 대신 주먹도끼만한 돌멩이를 가져와 못대가리를 쳤다. 그냥 벽 속으로 박아 넣어버린 것이다. 예상대로 벽은 까맣고 동그란 점을 남긴 채 깨끗해졌다. 그러나 곧, 못을 삼킨 벽 속이 궁금했다.

이제 벽을 부수지 않는 한 다시 빼낼 도리가 없어 이 박힌 못과 함께 평생 살아갈 집을 생각하니 너무나 미안했다. 무슨 수를 써서라도 못을 빼냈어야 했는데 도로 밀어 넣어버리고 말았으니 말이다. 못이 벽 속에서 구불텅구불텅 기다란 몸을 휘저으며 균열을 일으킬 것이라 상상했다. 그렇게 벽은 찌르르 통증을 버리지 못하고 살아갈 것이다. 어쩌면 세월이 흐르는 동안 집 전체를 서서히 무너지게 하지는 않을지 걱정도 되었다.

못의 기능이 많다. 못이라 부르기조차 민망한 실 핀 같은 못이 목재를 연결시킨다. 그래서 가구가 만들어지고 집도 지어진다. 생활 속에서 사물과 사물을 연결시키는 고리로도 사용된다. 또 물건을 걸어두는 역할을 감당한다. 이런 순기능을 하는 못이 잘못 박히면 역기능을 한다.

아무것도 걸리지 않은 채 흉기처럼 툭 불거져 있기도 한다. 분리시켜야 할 것들을 억지로 묶어두기도 하며 한번 박힌 못은 빼고 나면 언제든 흉터를 남긴다.

나는 니트류를 좋아한다. 그런데 못에 살짝 스치기만 해도 올이 풀어져 상하게 된다. 잘못 자리를 잡아 앉았다가 내 아끼는 옷이 걸려 못쓰게 된 적이 많다. 그러나 못은 그 자리에 있었을 뿐이지 나를 잡아당기지 않았다. 분별없고 칠칠맞지 못한 내 탓이다. 스스로 못에 걸려들어 낭패를 보았다는 편이 맞다.

우리 집에는 못을 치지 않기로 했다. 못 자국이 보기 싫기도 했거니와 한번 박은 못을 빼버려야 할 때도 생기니 아예 못을 치지 않기로 했던 것이다. 그러다보니 벽은 깨끗했지만 한편 밋밋하고 재미없는 집처럼 보였다. 생각해보면 마음의 자리에 못을 쳐야할 곳이 있다. 단단히 못을 박아라는 말처럼 단호하게 결정하고 결단 내릴 일들도 있다. 삶이 못에 박히고 걸리는 것만 두려워하여 정작 못을 박아야만 할 때를 놓치는 경우도 생긴다.

잘 굴러가던 바퀴에 난데없이 못이 박히면 차가 어김없이 주저앉는다. 잘못 박힌 것을 빼낸 후 땜질해가며 사는 것이 세상을 굴러다니는 이치 중 하나다. 못이 박힐까봐 길을 살피며 전전긍긍 살 수는 없다. 아무리 내 가슴에 못이 박혀도 나 또한 세상의 바퀴를 찌르는 못이 되어서는 안 될 일.

"못 억쑤로 좋아하네요."

주인이 또 씩 농담을 한다.

"아뇨, 못이 제 차가 그리 좋은가 봐요."

바퀴가 팽팽해졌다. 나는 다시 굴러갈 것이다. 못, 두렵지 않다.

비둘기

시내 도로변에서 자주 겪는 풍경이다. 자동차가 가까이 다가가도 비둘기들이 피하지 않는다. 저번에도 눈앞에 알짱거려 속에서 천불이 일어났는데 또 그 상황이다. 오늘은 봐줄 수 없어 가속페달을 있는 힘껏 밟았다. 그제야 요놈들이 날아올랐다. 사람이 던져주는 먹잇감에 길들여지면서 둔하고 되바라진 몸이 죽음이 코앞에 와서야 생명의 위협을 느꼈는가 보다. 저것들을 볼 때마다 다칠까봐 죽을까봐 조심조심 다녔던 내가 오히려 어리석었다. 피하지 않은 비둘기 때문에 마음 졸였던 게 괜한 노파심이었다. 하긴 제 목숨을 방치할 존재가 세상에 없을 것이다.

하긴 나도 다급해서야 일처리를 하게 된 경우가 있다. 소속된 단체에서 활동장려금을 준다는 공문을 보고서도 차일피일 미루다가 마감일이 되어 세무서에 갔다. 소득증명원을 떼기 위해서였다. 마감이 임박하여 마음이 급했다. 담당자가 내 신분을 조회하더니 바로 뗄 수 없다고 했다. 기한 내에 소득신고를 하지 않아 당장 신청해도 일주일 뒤 원하는 서류를 발급받을 수 있다는 것이었다.

몇 가지 안 되는 서류지만 소득증명원만 준비되면 장려금을 받을 수 있는데 그만 기회가 흩어지고 있었다. 기회의 조롱보다, 몇 백만 원의 장려금을 놓치는 것보다 나를 못 견디게 하는 것은 나 자신이었다. 공문을 받은 지 한참 되었는데 처리할 일을 귓등으로 흘렸던 것이 떠올랐다. 소득이 얼마 되지 않기에 스스로 의무와 권리를 포기하려 했던 것이다. 원천징수 금액도 얼마 안 되어 신고하는 일에 무심했다. 그러다가 소득신고 기간을 놓쳐버렸다. 발이 부르트도록 뛰어봤자 헛발질 같다는 자괴감이 일었다. 남들은 제때 누릴 것 다 누리며 사는 것 같은데, 나는 뛰어봤자 벼룩 같아 제자리만 맴도는 것에 지레 힘이 빠졌다.

담당자에게 애걸복걸하고 싶었으나 행정상 규칙이 있는데 나 때문에 그것을 어기기라도 한다면 이 또한 바르지 못한 처사였다. 세무서에 오기 전 전화로 상담한 직원은 직접 방문하여 담당자에게 말하면 될 수도 있을 거라 했지만 그런 말을 꺼내지도 못했다. 괜히 두 사람 사이에 실랑이라도 벌어지면 안 될 것 같아 나에게는 그런 기회마저 주어지지 않는 것인가라고 생각했다.

온 김에 소득신고를 해놓고 가야겠다 싶어 담당자에게 부탁했다. 은테 안경을 끼고 머리에 무스를 발라 이마를 드러낸 그의 날카로운 표정이 나를 향해 고개를 들었다. 그러더니 콧망울 옆으로 흘러내리는 내 눈물을 보고는 "휴지는 저 코너에 있습니다." 했다. 북받치는 설움을 주체 못해 몸 둘 바를 모르다가 "어떻게 처리할 방법은 없을까요?" 지나가듯 물었다. 그제야 담당자가 어디 사용하려는지 묻더니 시간이 좀 걸리는데 기다릴 수 있냐고 했다.

세무서 주변을 서성거렸다. 한 나라에 살면서 나랏법을 지키지 않는다는 것은 그에 따른 피해도 감수하겠다는 뜻이다. 그동안 집으로 날아온 고지서를 꼼꼼히 살피지 않아 피해봤던 일도 있었다. 포인트 적립이라든지 보험처리 문제도 대충대충 넘어갔다. '꼭 감당해야할 일이라면 독

촉장이 오겠지…….' 라며 나 자신에 대한 소홀함으로 누려야 할 것을 놓친 적도 여러 번 있었다. 앞만 보느라 뒤로 새어나가는 것을 막지 못했다. 단돈 십 원이라도 나의 소유라면 챙겨야 하거늘 대수롭지 않게 여겼기에 그동안 헛발질하며 산 것이 아닌가 싶었다.

어떤 일의 분야마다 사용하는 전문용어가 어려워 그냥 넘어가려 했던 일도 있다. 새로운 것을 알고자 하는 의지의 결여는 시대를 뒷걸음질 하게 한다. 귀찮아서 뒤처지게 되고 생각하지 않아 당연히 누려야 할 것마저 포기하고 마는 꼴이다. 이런 삶이 세상과 타협하지 않으면서 꼿꼿하게 사는 것이라고 스스로 세뇌해왔던 지도 모른다.

공공기관이나 나랏법을 다루는 곳에는 나와 같은 부류의 사람을 어떻게 여길까 싶다. 자기 것을 찾아가지 못하는 사람, 무지해서 혜택을 챙기지 못하는 사람, 알면서도 자기 것을 챙기는 데 소홀한 사람 등 수많은 사람의 입장을 헤아리는 그들의 노고가 새삼 고맙다.

허기가 밀려올 즈음 담당자의 문자가 왔다. 일 처리가 끝났으니 속히 다음 일을 진행하라는 내용이었다. 나보다 담당자가 더 급한 것 같았다. 내가 비로소 날개를 얻었다. 사람들이 던져주는 먹잇감이나 받아먹으며 피둥피둥 살이 찌고 겁 없이 아무 곳에나 내려앉아 자동차 주행까지 어깃장을 놓던 비둘기가 딱 내 모습이었다. 둔해빠진 나를 보고 누군가는 천불이 났을 수도 있다. 비둘기가 생명을 위협받고 날아올랐듯이 정해진 마감일이 닥쳐서야 나의 날개에도 힘이 가해졌다. 나에게도 날갯짓이 원초적 본능인 양 깃이 푸드덕거렸다.

작품 해설

■ 설성제 작품세계

사유와 은유로 빛나는 '마음의 집'

이충호 (시인, 소설가)

1.

설성제 작가의 제3수필집을 읽으면서 줄곧 인식과 표현이라는 명제를 생각하게 되었다. 네 부분으로 나뉘어 편집된 작가의 수필집에는 현상에 대한 깊은 인식과 수사가 뛰어난 글들이 많았기 때문이다.

하나의 소재가 현상의 본질과 인간 존재의 본질과 관련된 상징적 의미로 치환되기 위해서는 작가의 뛰어난 통찰과 그것을 언어로 연결해 내는 능숙함이 필요하다. 아무리 인식이 뛰어나다 할지라도 그것을 표현해내는 언어의 능력이 부족하다면 문학적인 의미를 상실하게 된다. 언어는 인식을 꽃피워내는 도구이기 때문이다.

현상의 개별성과 존재의 보편성을 연결하는 것이 상징성이다. 종국에 그것은 인간적인 존재의 의미로 귀결된다. 대상에서 새롭고 깊은 의미를 찾아내어 삶의 보편적 의미로 해석해

내지 못한다면 그것은 통속적이거나 상투적인 것에 머무를 수밖에 없다. 사물의 현상이나 속성에서 찾아내는 인식이라 할지라도 그것이 자연의 이치나 인간의 삶을 이해하는 보편성에 가닿지 않는다면 그것 또한 한낱 망상에 지나지 않는 것이 되고 말 것이다.

이러한 면에서, 설성제 작가는 현상의 이면을 꿰뚫어보고 그것을 인간적 삶의 본질과 연결해 내는 능력이 뛰어나다는 점을 부인할 수 없다. 여러 편의 글에서 그것을 보여주고 있기 때문이다. 작가는 현상으로부터 얻어내는 이미지와 상징을 삶의 의미로 확대해가는 직관과 그것을 표현하는 능숙한 언어의 능력을 여러 편의 글에서 보여주고 있다.

'부용화'를 통해서 보여주는 인식의 깊이와 은유적 수사가 특출하다.

"한 번도 화려했던 적 없었으니 마지막 가는 길만큼은 눈길을 받고 싶었으나 삶과 죽음이 어찌 다를 수 있을까. 왔던 대로 있던 대로 갈 때의 모습도 한가지이다. 아직은 서늘해지지 않은 한낮의 햇볕 아래서 부용화가 영면에 들기를 바라본다. 가장 뜨거울 때 가장 서늘한 모습을 보여준 부용의 역설적 표현을 나는 부용이 지는 대공원 뜰에서 읽고 있다. 부용, 나무에 달려 잠잠히 열반에 드는 중이다. 여기, 태양 아래 마땅한 연蓮으로 피어 있다가."

이렇듯 사물을 읽어내는 눈이 깊고 상징과 은유적 표현이 빛나는 글이다. 인식과 은유, 기발한 언어의 조합이 이루어내는 문장의 탄생이 경이롭게 느껴지는 것은 작가의 깨달음에 의해서 후미진 공간에 시들어가는 한 송이 꽃이 화려한 옷을 입고 찬란히 부활하는 것 같은 모습을 보여주기 때문이며, 그것은 또한 하나의 사물을 종교적으로까지 승화시키는 실존적인 의미와 언어의 상징성이 묘하게 매치되어 마음 깊이 와 닿기 때문이다. 이러한 작가의 능력은 '소만小滿에 부치다' 라는 글에서도 그대로 드러난다.

"열매를 맺기 위해서는 꽃이 져야만 하는 자연의 순리에 따라 소만은 멸滅에서 생生으로 건너가는 징검다리와 같은 시기이다. 그제야 나도 아파트 마당에 앉아 꽃잎을 헤아리며 그들의 이름을 불렀다. 그러다 시멘트바닥에 내려 앉아 퇴색되어가는 꽃잎에서 화무십일홍, 짧은 생에 대한 안타까움을 보았다. 존재의 무상함이 애달팠다. 꽃의 향락을 쫓아다니던 내 인생의 봄도 이제는 꽃잎을 하나씩 내려놓아야 할 때가 되었던가. 공원 한 켠에 뒤늦게 자리 잡은 꽃 잔치도 기꺼이 막을 내렸다. 달고 따사로운 햇살을 떠나지 못해 머뭇거리다가도 꽃은 때에 순복했다."

이 글 또한 자연 속에서 생성과 소멸의 섭리를 잘 표현해 주고 있다. 단순한 사물에서 생자필멸의 자연의 순리를 읽어내는 작가의 인식과 그것에 은유의 옷을 입혀 빛나는 글의 꽃으로 피워내는 작가의 능력이 돋보이는 단락이다.

깨달음 없이는 쓸 수 없는 글이다. 사물과 작가 자신이 하나로 동화되지 않고서는 쓸 수 없는 글이다. 글이기 이전에 한 존재의 명문 같은, 꽃들의 비명 같은 글이기도 하다.

"봄의 열락만 즐기려 내 안의 꽃에 집착했는지도 모른다. 놓아버리고 싶지 않는 것들, 오래오래 붙잡고 싶었던 것들이 시들어가며 향기마저 사라지는 것 같았다. 가지가 꽃을 떨어뜨릴 때의 고통이 싫다고, 지는 꽃도 그 아픔이 힘들다고 서로 놓지 못한다면 곪을 수밖에 없다."는 대목도 설 작가의 인식과 수사의 능력을 아낌없이 보여주는 구절이다. 관념적인 것으로 표현한다면 범속한 것으로 받아들여질 수밖에 없는 말을 이렇게 빛나는 문장으로 탄생시키는 것은 언어를 다루는 작가의 특유의 기술이다.

2.

이러한 작가의 생각의 깊이와 수사의 미학은 '불이정不離亭을 놓치다' 라는 작품에서도 그대로 보여준다. 이 글은 작가가 10살 손아래 청년을 만나러 동쪽 끝에서 서쪽 끝으로 수백 리 길을 달려가는 내용이 근간이다. 작가의 마음이 사랑인 것 같기도 하고, 아닌 것 같기도 한 느낌을 주는 글이다. 사랑이 아니라면 그것은 작가의 순정이었을까? 결혼한다는 말을 들었을 때 작가는 왜 '한 줌 재가 남은 듯한 느낌'이었을까? 어떻든 뉘앙스가 있는 말이다. 그것이 우정이든 애정이든, 해명하기 힘든 것이 정情이란 감정이다. 사랑인 것 같기도 하고 아닌 것 같기도 한 바로 그 감정을 작가는 애써 표현하고자 했는지도 모른다.

그러나 다시 보면, 이 글의 실체는 그것이 아니다.

"그와 내가 예전에 삶에 대해 치열하게 공방전을 벌이거나, 정답을 찾지 못하는 소용없는 논쟁에 괜히 억울했던 한 때가 불이不離의 시간일까. 그가 얻은 사랑을 묵묵히 지켜봐 주는 것도 그와 나의 불이不離에 속했던 것일까. 십년만의 해후로 박제되어가던 시간을 풀어본 지금이 그것일까. 아니 불이不離란 없다는 것을 안다. 인간의 한정된 기억과 제한된 생명이 한계선에 닿는 그날에야 비로소 불이정不離亭에 들게 되리라는 것을 알면서도 꿈을 꾼다."

이 대목은 마치 회자는 정리이고 이자는 필봉이라는 상반된 말의 양면을 다 보여 주는 말 같기도 하다. 사람에게 영원한 시간이란 없는 것이기에 '불이不離는 없다'는 말은 경구처럼 들린다. 이렇듯 작가는 현상을 읽어내는 눈이 탁월하다. 그것이 타고난 식견인지 아니면 오랜 글쓰기로 터득한 통찰의 눈인지 모르겠지만 놀라운 식견을 보여주는 것만은 분명하다.

'겨울강'은 서정성이 뛰어난 글이다.

"원하지 않아도 지나가야 할 길처럼, 비껴갈 수 없는 얼음장이라면 내가 견딜 수밖에 없었다."라는 것으로 요약되는 이 글은 강과 그가 하나다. 사물의 상징을 통해 대상과 자아를 동질화시키고 그 대상을 통해서 자아를 담아낸다. 강과 자아, 다시 말해 피아가 동질화되어 전하는 강의 메시지가, 강의 상징이 매우 진하게 전해진다. 수필의 시라고 해도 무방할 정도로 은유의 기법이 눈에 띤다. 만물을 인간과 동질의 차원에서 바라보는 눈을 시인이 지니고 있다고 해야 할까, 작가는 사물을 바라보는 눈이 서늘하리만큼 깊고 조용하다. 대상과 자아를 동질성에 두고 자신의 마음을 그 대상을 통해서 표현하는 자연스런 글 솜씨를 보여준다.

'끈' 이란 글도 많은 것을 생각케 하는 글이다. 어쩌면 작가 자신이 겪어왔던 경제적 어려움의 근원을 추측케 해 주는 글이다. 빚더미 사업체를 넘기고 자취를 감춘 동서로 인해서 겪었던 시련과 풍파를, 그리고 각고의 노력으로 다시 일으켜 놓은 그 사업체를 형님네가 도로 가져가겠다고 했을 때도 말없이 돌려주는, 그로 인해서 겪게 되었던 여러 가지 어려움을 잔잔하게 풀어놓은 글이다. 삶의 뼈저린 흔적으로 남을 수밖에 없는 이런 일조차도 작가는 추억으로 반추하며 형님을 그리워할 정도로 마음의 품이 넉넉하다. 한 치의 사특함도 없는 심성이 아니고는 쓸 수 없는 글이다.

어쩌면 울고불고, 돌려줄 수 없다고 난리를 쳤을 것 같은 일을 좋은 때의 것으로만 기억하는 작가의 태도는 마음 깊은 곳에서 자생적으로 우러나는 품성이 아니고는 있을 수 없는 것으로 여겨진다. 글은 곧 마음이란 것으로 연상해 볼 때, 작가의 이런 심성이 글을 성숙시킨 모태가 되었으리라는 추측을 가능하게 해 준다. 지난날의 불편한 기억조차도 잔잔히 풀어 놓은 음조나 글의 태도가 바로 수필의 자세가 아닌가 하는 생각이 들기 때문이다.

3.
작가가 기억을 불러내는 방식은 일상 속에 있다. 일상의 사소한 것에서 지난날의 기억을 불러내어 반추하고 그것을 통해 자아를 돌아보고, 때로는 자성으로, 때로는 그리움으로 스스로에게 반문하는 태도가 자연스럽다.

남을 잘 믿고, 좋게 보는 습성은 상처입기 쉽다는 생각은 경험에 근거한 것이다. 작가도 그런 것을 잘 알고 있을 것이다. 선의가 때로는 악의에 찬 앙갚음으로 돌아올 수 있다는 것도 잘 알고 있을 것이다. 그러나 그러한 것을 알면서도 손을 뿌리치지 못하는 것이 바로 설성제 작가의 심성이다. 작가는 여러 편의 글에서 그러한 심성의 끈을 놓지 않고 있다. 때로는 소녀적인 감성으로 보일 정도로 사물을 보는 눈이 순진하다.

그러한 심성은 '버스킹에서', '검은 모래'에서 타인을 바라보는 따뜻한 눈으로 연결된다. 주변인에 대한 관심과 연민이 깊고 따뜻하다. 감성이 젖어 숨 쉬는 글이다. 마치 작가의 감성이 행간에 배어나는 것 같은 서정을 느끼게 한다. 메마른 글, 마치 공문서 같이 사실만 전달하는 건조한 글들이 차고 넘치는 이 시대에 의미 있는 글들이다.

이성적인 글은 로고스의 영역이라면 감상적인 글은 파토스의 영역이다. 로고스는 이성과 지혜로움의 상징이다. 파토스는 감성의 글이다. 만약 인간에게 파토스의 영역이 없었다면 사람은 모래알처럼 건조하게 살아갈지도 모른다. 그러나 조물주는 우리에게 파토스의 영역을 주었다. 인간이 감성을 가지게 된 것은 신의 위대한 축복이다. 신이 인간에게 준 최대의 선물이라 할 수 있다. 고대 희랍에서 오늘에 이르기까지 문학은 로고스의 영역보다 파토스의 영역이 지배해왔다고 해도 지나친 말은 아닐 것이다. 비애가 인간이 타고난 숙명이기 때문인지는 모르나 불멸의 명작은 비극이었다.

작가는 걸어온 삶의 길에서 이러한 비밀을 알아버린 듯하다. 찬란한 현상이나 유희 뒤에는 슬픈 그림자가 공존한다는 것을 연민의 눈으로 읽어낸다. 밝은 성격에 맞지 않을 것 같은데도 이러한 삶의 어두운 그림자를 엿보는 눈을 독자에게 보여준다. 만물에 대한 긍정적인 이해와 타인을 이해하고 가슴으로 안는 태도는 순치된 마음으로는 가지기 힘든 것이다. 타인에 대한 작가의 따뜻한 품성은 타고난 것이거나 종교적 영향 때문이 아닐까 하는 생각을 해보게 된다.

작가의 눈은 때 묻지 않았다. 마음에 이기적인 계산이 없어서 늘 순수하다. 때로는 박장대소로 깔깔대는 소녀 같은 철없음이 묻어날 것 같은 그녀의 눈은 세상의 일을 그리 복잡하게 보려하지 않는 것 같기도 하다. 하늘의 뜻을 알 나이인데도 아직은 소녀 같은, 어찌 보면 세상의 각박함을 경험하지 못한 사람 같은, 때 묻지 않은 마음이 여러 글의 행간에 묻어나기 때문이다.

4.
삶의 모든 것은 기억으로만 남는다. 세월의 뒤편에서 지나간 시간의 흔적을 뒤적이는 것은 늘 쓸쓸한 기억으로 남기 마련이다. 우리에게 부모와의 기억만큼 강한 기억은 없다. 가시처럼 남아 있는 시어머니의 기억, 며느리에게 했던 말이 마음에 걸려 평생을 그 기억을 되씹고 있는 시어머니는 아직도 그 악몽 같은 '기억의 뜰'을 벗어나지 못하고 있다. 다만 사안만 다를 뿐이지, 누구의 어머니나 시어머니에게 있을 법한 일이다. 글은 바로 누구에게나 있을 것 같은 공감대를 찾아내어 전달해야 하는 의무 같은 것이 있다. '기억의 뜰'은 바로 이러한 것을 보여주는 글이다.

부모의 마음은 늘 남들만큼 못해 주어서 미안하고, 더 사랑해 주지 못해서 미안하다. 그러한 부모의 마음을 읽어내는 것은 또한 작가의 눈이다. 그것이 시이든 소설이든 그런 삶의 정수를 찾아내어 다시 독자에게 전달해 주는 것이 작가의 감성이고 깨달음인 것이다. 남들이 그냥 흘려버리기 쉬운 것에서도 깊은 의미를 찾아내어 전달해야 하는 것이 바로 작가의 눈이다.

'기억의 뜰'에서 시어머니에 대한 연민과 안타까움이 다시 자식에게로 옮겨가는 것은 또 하나의 순리인지 모른다. 그러한 인간적 순리를 작가는 놓치지 않는다.

"먹고 살기 급급해 일에 치여 살아왔다. 최선을 다해도 물질의 그릇을 남들만큼 채우기란 힘이 들었다. 자식에게 보여줄 수 있는 것은 살아내는 것뿐이었다. 순간순간 위로나 희망의 말을 주고받아도 삶으로 보여주지 않고서는 탁상공론에 불과했다."

'신화수분'이라는 글의 일부다. 화수분이란 온갖 재물이 줄지 않고 계속 나오는 보물단지를 말한다. 동명의 소설 주인공 '화수분'이 그러했듯, 작가의 '화수분'은 오히려 텅텅 비어 있는 항아리를 말한다. 작가는 세월의 흐름과 함께 그 빈 그릇을 채워가는 노력에서 화수분의 의미를 찾는다. 작가의 이러한 역설적인 표현은 글을 읽는 재미를 더한다.

입에 씹던 먹이를 뱉어서 새끼에게 주고도 끙끙대는 것이 부모의 마음이다. 먹이를 구하지 못하면 가슴을 쪼아 그 피로써 새끼를 키운다는 새, 펠리칸처럼 자신의 것을 다 내어주고도 더 주지 못해 미안해하는 것이 부모의 마음이다. 그러나 작가는 물질보다는 열심히 살아가는 모습을 보여주는 것에 방점을 찍으며, 아들이 스스로 물질의 항아리를 채워가기를 바라는 마음이 의연하다.

"원치 않았는데도 물려주게 된 이 화수분을 아들이 온힘으로 채워가는 것을 보며 내 안의 빈 그릇에도 희망이 차오른다."는 말로 귀결되는 작가의 생각은, 결실보다도 그것을 추구해가는 과정이 더 중요하다는 말로 읽힌다. 충만할 때 삶은 방향을 잃는다. 그래서 쇠락하게 된다. 사회나 개인이나 마찬가지다. 물질적 풍요가 몰고 온 쇠락의 징조를 우리 사회 곳곳에서 볼 수 있다. 로마의 쇠락도 풍요에서 비롯되었듯이 우리 사회도 풍요가 가져다 준 포만감에 취해서 인간의 본분을 상실해 가고 있는 것들을 곳곳에서 볼 수 있다. 갑자기 배가 부른 자의 교만과 인간성 이탈을 보게 되는 것이 참상이라면 참상인 이 시대에 작가는 오히려 적수공권의 아들에게 채워감의 의미를 일러주는 것으로 자신의 희망을 찾는 긍정적 가치관을 보여준다.

물질적 부족함을 비관이나 자조가 아닌 긍정적인 눈으로 바라보며 채워가라는 그 희망적인 언사가 이 시대에 전하는 바가 크다. 그것은 마치 신대륙의 기적을 이루어내었던 초기 이주민들이 '일하는 것이 기도'라고 했던 명구와 다르지 않다. 끝없이 남과 비교하고, 우월적 망상에 사로잡혀 있거나, 물질의 만족감에 도취되어 영혼이 혼탁해진 시대에 전하는 청빈한 영혼의 울림처럼 들리는 말이다.

"내 몸과 내 영혼이 가장 가난했던 시절, 내 마음의 한 계절이었던 그 겨울, 높고 아름다운 돌담과 그 돌담 안에 사는 사람들을 부러워하며 올려다 본 그 날, 그 한 끼 양식이 나의 겨울을 버텨오게 한 힘이 되었다. 허공으로 흩어져버리는 위로와 격려가 아닌 따뜻하고 든든한 영혼의 양식 그리고 육신의 밥이 내 살과 피에 녹아드는 순간이었다."

'마른 빵 한 조각과 죽 한 그릇'이라는 글도 다르지 않다. 경제적으로 가장 어려웠던 시절 자신의 내면을 그대로 보여주는 대목이다. "힘들고 어려울수록 도움의 손길을 찾아 쉽고 편안해 보이는 길을 가는 건 삶을 우회하는 길이며, 차라리 앞이 보이지 않는 것 같은 어두운 길을 스스로 가는 것이 바른길이라 여겼다."라는 고백은 진솔하다. 이러한 표현은 삶에 대한 스스로의 물음과 대답이 교차되고 뒤섞여서 육성처럼 흘러나온 것이다. 마음 깊은 곳에서 노정되는 것이 아니고서는 표현하기 힘든 말이다.

글이 가진 무게나 빼어난 수사는 그 밑바탕에 이와 같은 작가의 경험이 깔려있기 때문에 가능하였으리란 것을 쉬 짐작할 수 있다. 사람을 만들어 주는 것은 삶의 어려운 경험이다. 글을 깊이 있게 만들어 주는 것도 경험이다. 그래서 삶이 곧 글이라는 말을 할 수 있게 된다.

어려움을 모르는 시대에 살고 있으면서도 정작 우리의 영혼은 가난하다. 우리는 진정 식탁 위에 밥 한 끼의 고마움을 모른다. 모든 것을 당연한 것으로 여긴다. 자연에 대한 고마움도, 부모에 대한 고마움도 모르는 시대에 우리는 살고 있다. 자연에 대한 고마움이든 하늘에 대한 고마움이든, 고마움을 안다는 것은 자연의 뜻, 하늘의 뜻을 안다는 말이다. 타인이 피땀 흘려 이루어 놓은 열매를 희희낙락 따먹으면서도 그 혜택의 근원을 생각하지 않는 세태 위에 던져주는 이 글의 의미가 심장하다. 무거운 말이 아니라 가장 낮고 가벼운 말로 전하는 빵 한 조각에 대한 감사가 어떤 역설보다도 가슴에 와 닿는다.

5

'자전거를 타고 오는 봄'은 생동적인 언어의 표현, 마치 살아 숨 쉬는 언어를 보는 것 같은 느낌을 준다. 소만小滿에 부치다'에서 "도도한 봄날이었다. 담벼락에 줄지어 서서 오줌을 누는 개구쟁이들처럼 노란 개나리가 새실거렸다. 목련은 나뭇가지 위로 촛대를 세우고 심지에 불을 밝혔다. 돌 틈에 앉은 영산홍도 한껏 타올랐다. 뒤이어 조팝과 이팝이 가지가 휘어지도록 하얀 튀밥을 쏟아냈다."라는 생동적 표현을 이 글에서 다시 한 번 보게 된다.

마음의 그림처럼 그려내는 생생한 이미지가 생동감이 넘치는 문장을 만들어 낸다. 이질적인 개념의 언어조차도 하나로 조합해서 이루어내는 생생하고 감성적인 표현이 인상적이다.

이러한 감각적인 글은 '세컨드 로망스'에서도 확인할 수 있다.

"사람들 앞에서 나에게 남긴 로망스의 시간은 벚꽃이 피고 벚나무 잎이 물들기도 전에 끝이 났다. 나는 이제 짝사랑이 아닌 미움과 시기와 질투로 비틀어졌다. 그가 내 친구에게로 돌아간다고 선포하지만 않았어도 괜찮았을까. 나는 그를 보기 위해서 자주 갔던 도서관에 발길을 끊었다. 내 안에 그가 남긴 '로망스'의 잔상만이 해 떨어지기 직전의 어둠처럼 남았다."

소녀기 사랑의 감정이 잘 나타난 작품이다. 마치 순수한 소녀의 여린 사랑이 기타선율을 타고 울려오는 것 같은 아름다운 글이다. 그러나 이 글은 소녀기의 사랑의 감정만을 말하려 하는 것은 아닌 것 같다. 사랑에 대한 작가의 생각이 응축되어 있다고 해야 할 것 같다. 사랑은 첫눈처럼 순수해야 진정한 사랑이라는 마음의 거울을 우리들에게 비춰 보이는 것 같다.

그러나 사랑은 사랑으로만 머물지 않는다. 그것이 사랑의 또 다른 모습이다. 사랑은 때로는 때 묻고 피 흘리는 것이다. 상처받지 않은 사랑은 연약하다. 그래서 쉬 바람에 휘고 조그만 흔들림에도 뿌리가 뽑히게 된다는 것을 작가도 모를 리 없다. 그러한 인식의 모순 속에서도 작가가 지순한 사랑을 꿈꾸고 있는 것은 작가의 마음이 아직 순수하다는 증거다. 아니면 그것이 작가 자신의 사랑의 가치관이기 때문일 것이다.

'그놈'이라는 작품은 재치와 표현이 돋보이는 글이고, '선'이란 작품은 자연의 질서 속에서 가야할 길과 삶을 조화시켜가려는 의식을 잘 표현해 주고 있다. 우리가 간과하기 쉬운, 쉬 깨닫지 못하는 것을 자연에서 읽어내고 그것을 다시 가슴에 되씹어 뱉어 내는 것이 작가의 글이다. '꿀잠'은 "세상이 수마에 당하는 동안 잠을 잤다는 사실만으로 나는 세상에서 소외된" 것 같은, 사회와 인간의 관계에서 죄의식을 보여주는 글이다. '어느 청소부의 만추'는 청소부의 빗자루 질과 바람을 통해서 삶의 의미를 전달해 준다.

'세공의 칼'과 '세 채의 집'은 자신의 글쓰기 작업과 존재의 가치, 인생관을 보여주는 글이다. 글쓰기의 자기 고백이다. 수필은 설성제 작가에게 생활이자 함께 가는 동반자인지 모른다. 작가가 보여주는 글에 대한 사랑은 어설픈 사랑은 아닌 것 같다. 속이 단단한 사랑, 글의 배반까지도, 사랑이 끝난 들판에 홀로 섰을 때 글이 돌려줄 그 무용의 가치, 그 쓸쓸함까지도 이미 예견한 사랑인 것 같다. 아니면 자신을 지탱해가는 또 하나의 자신이거나.

6.

　작가는 지금도 마치 '곤두박질' 치듯 삶을 살아가고 있는지 모른다. 성실하게 살아가는 삶에서 곤두박질은 살아간다는 가장 명백한 증거일 것이다. 수없이 뒤집히고 다시 일어나는 것이 삶이다. '곤두박질' 치면서 살아가는 작가의 발걸음에서 성실한 삶의 자세를 읽는다. 살아가는 동안의 고통은 살아있다는 증거다.

　길가의 장애물에 걸려 넘어지고 살이 찢어지는 사고를 당하면서도 그 잘못을 자신에게로 돌리는 성숙된 마음의 자세를 가지고, 육신의 곤두박질을 마음으로 곤두박질로 이어가는 인식의 연장은 작가다운 인식이다. 삶을 성찰하는 자세를 보여준다. '오십 년 가까이 지나오면서 쟁여놓은 내 존재가 가벼운 조약돌 하나만큼의 무게도 되지 않는 줄 미처 몰랐다.'는 말은 물리적 힘 앞에서 인간은 얼마나 미약한가를 되새겨주는 말이다. 존재란 것은 언제 어느 때에 곤두박질쳐져 상하의 위치가 뒤바뀌게 될지 모른다는 바로 그 말이다.

　설성제 작가의 글은 맑고 투명하다. 가식이나 위장이 없는 순수한 마음의 상태를 보여주는 글이 많다. 깊은 생각과 은유적인 표현, 거기에 감성이 배어 있는 글은 시에 근접한 면모까지를 보여준다. 넘치지 않으면서 모자람이 없는 작가의 글에서 우리 수필의 내일을 본다.

우리시대의 수필작가선
소만에 부치다

ⓒ 설성제 2018

인쇄일 | 2018년 11월 10일
발행일 | 2018년 11월 15일

지은이 | 설성제
발행인 | 이유희
편집인 | 이숙희
발행처 | 수필세계사
인쇄처 | 중외출판사

출판등록 2011. 2. 16(제2011-000007호)
41958 대구광역시 중구 명륜로 23길 2
TEL (053)746-4321 FAX (053)792-8181
E-mail / essaynara@hanmail.net

값 12,000원
ISBN 979-11-85448-47-3 03810

* 이 책은 울산문화재단 2018예술로(路) 탄탄 지원사업의 일환으로 발간되었습니다.
* 이 책 내용의 전부 또는 일부를 재사용하려면 지은이와 수필세계사의 동의를 받아야 합니다.